日本史の論点

本郷和人
Kazuto Hongo

はじめに——日本史の「定説」を疑う

そもそも定説って何？

定説はみんなが納得するような説。これは当然の答え。

だけど、「みんな」って何だろう？

現代社会では、結局のところ多数決で物事が決まっていく。少数の意見を尊重しなければいけない、と強調はされるけれども、○か×かという二者択一の選択を迫られる場面（たとえば、良いことか、悪いことかは措《お》いて、世界の覇権を目指す中国の経済活動に協力するか、否か、というような問題が現実的にある）では少数意見は採用されない。きつい言葉で言うと、切り捨てられる。ある意味、これは仕方がない。そうしないと、物事が決まらないから。選択するという決断はどうしても必要。

ただし、学問的な話は現実の問題とは別である。一つには、時間的な拘束がない。いつまでもとはいわないまでも、時間をかけて考えることができる。もう一つ、学問の世界では少数者の説くところであっても、「良い考え」こそが選ばれるべき。多数の「劣悪な回答」は忌避すべきである。

今そうしたことを念頭に歴史学界を見ていくと、どうも「良い答え」を共有するプロセスである「健全な議論」がしにくい環境にある。かつて「東の」石井進《いしいすすむ》先生は「西の」戸田芳実《とだよしみ》先生らとともに議論する場を設け、熱の籠《こ》もった意見交換をしていた。その中で、おそらくは互いに影響し合いながら、より良い学説作りが行われたという。ところがそうした試みが、今は下火になっている気がしてならない。

その原因の一つは、歴史学自体の地盤沈下である。石井先生の時代は歴史学の必要性を疑う声はなかっただろうし、歴史研究者は社会から相応の尊敬を得ていた。だが、今や、歴史学はかたちのあるものを生産しない、役に立たぬ学問ということになり、立場が危うくなっている。それは大学の教員（歴史学）の急激なポスト減という事態に直結している。

そうすると、歴史研究者も生身の人間であるから、じっくり学説を構築するよりも、すぐに安易な成果を出す方向に走ってしまう。また、そもそも歴史研究者になる人が減り、何とか大学教員のポストを得た人の学問の質が、残念ながら落ちる。お互いを尊敬しながらじっくり話し合う土壌が失われてしまっている。

これに拍車をかけるのがインターネットの普及である。ネットで仲間を作り、お互いに認め合うのを通り越して、たたえ合う。それはそれで構わないが、自分たちとは異なる見解を持つ者を罵倒する、となると明らかなやり過ぎである。だが、声が大きな人が「大きな顔をする」という風潮があるやに思う。さらに戦国時代や幕末維新などの人気のある時代であれば、研究者ではない方をネットの力で味方に付けて、数の力で圧倒する。こうした攻勢をかけられると、そこにはマスコミ、出版社などの思惑も絡み、純粋に学問的な健全な話し合いは、ますますやりにくくなる。

こうしたことを言うと、浮き世離れした学者の妄言、とバカにされるのが辛いところで、だがやはり私は、学問は経済原理に流されてはいけないだろう、と考える。どちらが勝った負けたではない、没利害的な「真摯《しんし》で、健全な議論」が歴史学を前進させる、あるいは少なくとも豊かにすることを目指して、本書を企画する。

二〇二一年夏

本郷和人

第1章　「権門《けんもん》体制論」と「東国国家論」

第2章 「鎌倉幕府の成立年次」を探る

第3章 「承久《じょうきゅう》の乱」をめぐる新説

第4章

北条時宗《ほうじょうときむね》は「救国」の英雄か

第5章

「永仁《えいにん》の徳政令」の裏側

第6章 鎌倉幕府を倒したのは、後醍醐《ごだいご》天皇か

第7章 足利義満《あしかがよしみつ》は天皇になろうとしたのか

第8章 「くじ引き将軍」足利《あしかが》義教《よしのり》と神仏の存在

第9章 「応仁の乱」の本質

第10章 織田信長の「天下布武《てんかふぶ》」が意味すること

第11章 異なる「江戸幕府成立年」の定義

第12章 「鎖国はなかった説」の盲点

第13章

幕藩体制における「天皇の権威」

第1章　「権門《けんもん》体制論」と「東国国家論」

「武士の活躍」が重視されてきた日本の歴史学

中世の国家体制をどうとらえるか。現在の歴史学の定説では、中世の国家は「権門《けんもん》体制」という体制を取っていたと考えられています。

しかし、多くの研究者が支持し、当たり前のものと考えられているこの定説ですが、本当に正しいのでしょうか。そこで、本章では、この「権門体制論」を取り上げて、考察していきます。

「権門体制論」は、「中世国家のトップに天皇を位置づける」という考え方によって成り立っています。明治以降、いわゆる科学としての歴史学が始まったとき、まず注目されたのは武士の存在でした。初期の歴史学においては、貴族よりも武士がどう動いていたかが重視されたのです。日本の歴史は、誰の視点に立つかで見方が大きく変わります。「武士を重視して歴史を見る」という傾向は、戦前とは歴史観が大きく変化した戦後においても、引き継がれています。

たとえば、日本史の時代区分を見てみましょう。鎌倉に幕府があった時代を「鎌倉時代」と呼び、京都の室町という場所に幕府があった時代を「室町時代」と呼び、江戸に幕府がある時代を「江戸時代」と呼ぶ。武士が政権を作った場所が、その時代の名前になっていることからも、日本の歴史学が武士を重要視しているのは間違いない。

その点でいえば、室町時代は、むしろ「京都時代」と呼んだほうがいいのではとも僕は思うのですが、平安京に遷都して明治時代に東京に移るまで、天皇陛下はずっと京都にいました。それゆえ、「京都＝日本の中心」という考え方があるので、「京都時代」との言葉は採用されなかったのかなと思います。

しかし、戦後になり、「武士を中心とした歴史観」に対して、一部の歴史研究者、特に京都大学で勉強された研究者の方から、「それは違うのではないか」との反論が挙がりました。彼らの主張としては、「平安時代から、日本の首都は一貫して天皇がいる京都であり続けた。日本の歴史における、京都の天皇や朝廷の重要性を忘れているのではないか」というものです。

そうした研究者たちの代表が、黒田俊雄《くろだとしお》先生という方です。黒田先生は、京都大学で学ばれた後、大阪大学で教授になられたのですが、その際に彼が提唱したのが、冒頭でご紹介した「権門体制論」でした。

権門体制論は、一九六〇年に最初の論文が発表され、そこから一九七〇年までの間に、約十年の歳月をかけて論理が展開されていきました。

三つの権力のある家が天皇を支える「権門体制」

では、具体的には「権門体制論」とはどのようなものなのでしょうか？　そのベースにあるのは、「王家」の存在です。

常識的に考えれば、日本の中世にも国家があり、当然そこには王が存在したはず。では、中世国家の王にふさわしい人物は誰か。それは、天皇であるとし、天皇を中心に据えて中世の歴史を考えるのが、権門体制論の本質です。

権門とは「権力のある家」を意味し、世襲によって代々受け継がれていくものです。つまり、権力を持つ、「公家」と「武家」と「寺家」という三つの中世日本の支配層が、王家を支える形を取っていたと考えるのが、「権門体制論」の基本です。

権門体制論の中では、三つの集団は、それぞれに専門の分野を持っており、公家は政治、武家は軍事、寺家は宗教や祭祀をつかさどっていたとされています。また、当時は荘園制に立脚しているため、頂点となる「王家」の下に、支配層である公家、武家、寺家があり、彼らが治める荘園の中で一般庶民が生活しているという構造があったと考えられました。

この三つの集団は、お互いに助け合いながら、自分の長所を生かし、他者が持っていない欠点を補い、相互に補完しながら王家を支えていくのだと、黒田先生は考えました。この「相互補完」は、本章においてキーワードになりますので、ぜひ覚えておいてください。

黒田先生が日本では聞きなれない「王家」という言葉を使ったのには、理由があります。中国をはじめとする皇帝の場合は、一度皇帝になったら一生皇帝として人生を送ります。しかし、日本の場合、天皇の存在は非常に微妙なものです。皇位を降りた後も上皇として政治権力を握ることがあるし、天皇だったころには実権を持たなかった人が上皇になってから実権を握るというケースも多い。現代の感覚で天皇と上皇をまとめれば、皇室という言い方になるのかもしれませんが、そうしたわかりづらい構造があるからこそ、黒田先生は天皇家全般を指して「王家」という言葉を使いました。

余談ですが、ＮＨＫの大河ドラマ『平清盛』に時代考証の監修として関わった際、僕と一緒に神戸大学名誉教授の髙橋昌明《たかはしまさあき》さんが参加されたのですが、彼は天皇に対して「王家」という言葉を使用しました。すると、一部の方から「日本の天皇に対して、王家とは何事だ。〝エンペラー（皇帝）〟と〝キング（王）〟の呼び方からわかるように、王家は皇帝より下にいる存在である。日本の天皇は英語で〝エンペラー〟と呼ばれるのだから、〝キング〟と呼ぶのは日本の天皇を蔑《ないがし》ろにしたのと同義である。お前らは日本人を侮辱するのか！」と、高橋さんと僕は批判を浴びたことがあります……。

さて、「権門体制論」が一九六〇年に発表されると、「これは新しい学説だ」と一挙に注目を浴びました。従来は中世日本の歴史は将軍や武士の動きを中心に据えていたのが、天皇や朝廷を中心に据えるという視点が生まれた。このまったく新しい見方に、多くの人が魅了されました。

しかも、この権門体制論が非常に優れているのは、骨格がしっかりしているので、他の時代の歴史とのつながりが、よく説明できる点です。

古代国家は「律令国家」と呼ばれます。律令国家が源平の争乱によって崩れた後、中世に権門体制が生まれた。戦国時代に乱世を迎えて権門体制が崩れた後、江戸時代になって、幕府と藩による「幕藩体制」が作られる。

律令国家から権門体制へ。そして、幕藩体制へと移行したと、日本歴史の体制変化の骨組みをつなげて見ることができる点も、権門体制論が高く評価された要因でしょう。

「中世に国家はあったのか」という疑問

権門体制論は、朝廷に重きを置き、京都中心に歴史を考察するという見方です。黒田先生が権門体制論を発表した際、東京大学の研究者はこれをどう批判するのだろうかと、注目が集まりました。当時、西の黒田俊雄先生に対して、東にその人ありと言われたのが、東京大学の石井進先生です。彼は僕の恩師でもあります。

石井先生は、この説に対して、「中世という時代は中央集権国家が存在しなかった時代で、それが時代の特徴でもある。だから、まずは、『中世国家というものがそもそも存在したのか』を考えるべきなのに、『中世国家が存在した』という大前提で議論を始めること自体が間違いではないか」と指摘しました。権門体制論は、常識的に考えれば中世に国家はあったはずだという前提からスタートしています。これに対して、石井先生は疑問を投げかけたのです。しかし、そう発言したきり、議論を進めることはしませんでした。

石井先生は非常に頭のいい研究者だったので、「これさえ言えば、みんな権門体制論の矛盾を分かってくれるだろう」と思ったからこそ、議論を終わらせたのだと思います。現代風の言葉でいえば、「前提がおかしいので、権門体制論は成り立ちません。はい、論破《ろんぱ》」

という気持ちだったでしょう。

ところが、世の中の研究者は、石井先生が思うほどに理解力が高いわけではありません。先生の思惑を裏切る形で、権門体制論はどんどん定説として世に受け入れられていきました。彼はその状況を見て「なぜ、こんな簡単なことがわからないのか。バカだなぁ」と思っていたでしょうが、その後も正面から権門体制論を否定することはせず、自分のやりたい学問だけの方を究めていきました。

彼は職責をきちんと果たしていないんじゃないか。わが師ながらも僕はそう思わざるを得ません。東京大学で学んだ東の歴史研究者として、石井先生は、黒田先生の権門体制論を丁寧に批判すべきであったのに、しなかった。研究者としては、その姿勢は大きな間違いだったのではないか。僕はいまもそう思っています。

西の朝廷に東の幕府。二つの不干渉な勢力を指摘した「東国国家論」

東の研究者として、一九八三年に権門体制論に対抗する新たな考え方を提示したのは、石井先生の師匠で、僕の大師匠にあたる東京大学の佐藤進一《さとうしんいち》先生です。佐藤先生は、「自分がバトンを渡した石井君が、東大の教授としてやるべきことをやっていない」と感じていらしたかはわかりませんが、ここで新たに「東国国家論」という説を唱えたのです。

彼の提唱する「東国国家論」は、非常にシンプルなものでした。

中世には、東には鎌倉幕府があり、西には朝廷があった。東の幕府のトップは将軍であり、その下に武士がいる。対する西の朝廷のトップは天皇であり、その下に貴族が組織されていたとするのが、「東国国家論」の基本です。

押さえるべきポイントは、「両者はお互いが相互不干渉だった」と考える点です。つまり、朝廷と幕府は、お互いの行動にとやかく言うことはなかった。そうした状況で「中世において、将軍と天皇は並び立つ存在であった」。東には将軍、西には天皇。両者は上下がつけられない存在だったと、佐藤先生は考えたのです。

ここに「東国国家論」と「権門体制論」の大きな違いが現れます。権門体制論では、天皇は王家なので、その時代のトップの地位に君臨しています。王家を支える武家のトップが将軍ですので、どう考えても天皇は将軍よりも上位の存在になります。将軍は、武士たちを率いて、天皇を支える軍事指揮官だと考えるのが、権門体制論の特徴です。

そのほかの明瞭な差異ですが、権門体制論では公家も武家も寺家も助け合い、「相互補完」していたと説かれていますが、これに対して、東国国家論は朝廷と幕府は「相互不干渉」であると考えた。「相互不干渉」という概念を持ってきたのは、「相互補完」を打ち出していた権門体制論への佐藤先生なりの批判だったのでしょう。

「権門体制論」が「東国国家論」より支持される四つの理由

現代でも、中世国家の考え方については、この二つの論が提示されていますが、権門体制論のほうがはるかに支持者が多いようです。

なぜ、権門体制論のほうが支持者は多いのか。そこには四つの理由があります。

一つ目の理由は、天皇と将軍の位置関係です。将軍を任命するのは天皇であり、将軍が天皇を任命するわけではない。だから、天皇が上で、将軍が下という体制を考えるほうが、受け入れやすい。これは、非常に理解できます。

二つ目の理由は、朝廷と幕府、両者の関係性です。権門体制論の中核をなす「相互補完」は、言葉のマジックではあるものの、「三つの集団が、お互いを助け合い、王家を支えている」という状況をイメージしやすい。対する東国国家論が掲げる「相互不干渉」は、関東の幕府と関西の朝廷という二つの権力が並存するのに、お互いが不干渉でいられるわけがないと感じる人が多いがゆえ、賛同を得られないのでしょう。その点でも、権門体制論のほうが、理論としてはよくできていると思います。

三つ目の注目点は、寺家の位置づけです。

当時、「南都北嶺《なんとほくれい》」という言葉がありましたが、南都は興福《こうふく》寺を、北嶺は比叡山延暦寺《ひえいざんえんりゃくじ》を指します。そのほかにも三井寺《みいでら》や東大寺など、強力な僧兵を擁する寺家が存在しました。こうした寺家は、自分たちに不満がある際は僧兵を繰り出して「俺たちの要求はこれだ！」と京都に向かってデモを行い、しばしば朝廷はその対応に頭を抱えたのでした。

また、中世の朝廷は、一年中、何かしらの祈祷《きとう》を行っていました。「飢饉《ききん》が起こった」「おかしな伝染病が広まった」「変な事件が起こった」など、なんらかの出来事があるたびに、朝廷はお祈りを通じて、世の中を平和な状態に戻そうとしていました。その儀式には、必ず寺家の力が必要でした。このことからも、当時の宗教勢力が巨大な組織であり、かつ優勢な勢力であったことは、歴史研究者はみな知っています。

ところが、寺家は極めて重要な存在であるものの、権門体制論が提唱される以前は、お寺の勢力を社会のどこに位置付けていいのかはよくわかっていませんでした。その寺家を、公家、武家と並ぶ勢力として、明瞭な位置づけを与えたのも権門体制論の特徴です。一方、東国国家論は、幕府と武士、朝廷と貴族については触れつつも、お寺の位置づけについては触れていません。

四つ目の理由は、論文の書きやすさ、です。

これは、僕自身も大学時代に実際に体験したことですが、中世に関する卒業論文を書く場合、権門体制論を用いると非常に叙述がしやすくなるのです。

日本史を勉強する学生たちの九〇％以上は、大学を卒業するときに卒論を書いて、単位をもらい、社会へと旅立っていきます。論文に求められるのは実証性であり、どんな史料を読み、論文を書くかが大きく問われます。多くの学生は、大学四年生の一年間で、史料を一生懸命読み込んで論文にまとめます。でも、中世史を題材に卒業論文ほどの長さの論文を書く場合、どうしてもテーマは限定されてしまいます。

卒論レベルでは、大きな国家体制の話に正面から取り組むことはできません。小さな事柄をきちんと論証する態度が良しとされます。すると、「関東地方の○○氏についての研究です」「この地方の△△という荘園を研究します」という個別具体的なテーマで論はとじられます。ですが、やはりそれを成し遂げると、論者は大きな国家体制の話への一般化がしたくなるのです。そして、この作業は、とても難しいものです。武家のA家、荘園のB、貴族のCさん……という個別のテーマしか研究していないのに、どうしたら論理を大きな枠組みに広げられるのか。多くの学生は悩むのです。

この時、ひとたび権門体制論を受け入れてしまえば、この作業は非常に簡単なものになります。「権門体制論に基づいた国家体制の中で、寺家のこの部分を私は明らかにしました」「武家のこのあたりを明らかにしました」「公家のこの役割を明らかにしました」と、権門体制論の枠組みの中で自分の研究するテーマの位置づけを明示すれば、論文の規模はいっぺんに拡大します。卒論を抱える大学生にとって権門体制論は、まさに福音のようなものなのです。

一方、仮に学生が東国国家論を用いて卒論を書こうとしたら、どうなるのでしょうか。東国国家論は、「元々中世に国家はあったんですか？　まずは、そこから考えましょう」という問題意識から始まっているので、自分の研究テーマが当時の中世社会においてどんな役割を占めているのかといった一般化の作業は、あくまでも自身の手に委《ゆだ》ねられています。だから、「福音」どころか、何の問題解決にもなりません。

実は、僕自身も、大学生時代に卒論を書く際、非常に苦労しました。僕の場合、卒論のテーマとして和歌山県那賀《なが》町にある名手荘《なてのしょう》という荘園を選んだのですが、権門体制論の立場に立てば、荘園全体の枠組みの中でのケーススタディとして扱うことができて、楽に論文が書けるはずでした。でも、僕は権門体制論を用いなかったので、このテーマをどう一般化するか、非常に悩んだ記憶があります。僕が卒論でどんな論理展開をしたのかは、また別の機会に譲るとします。

日本の中世には、本当に「国家」があったのか？

ここまで紹介してきた四つの点で、権門体制論を受け入れると、メリットがたくさんあることがわかります。だから、権門体制論のほうが、人気が高いのだと僕は今でも思っています。

しかし、やはりここで再び、「中世に本当に国家があったのですか？」という石井先生の指摘に立ち返りたいと思います。

中世を学ぶ意味とは、「国家とは何か」を考えること、そのものです。だからこそ、中世国家の存在自体を検証せず、国家は存在したという前提から始まる権門体制論には、僕は票を投じることはできません。半面、それを否定するためには、佐藤先生が提唱した東国国家論をブラッシュアップする必要があります。つまり、本書のテーマでもある「日本史の定説を疑う」という作業が必要になってくるわけです。

東国国家論を提唱したのは、佐藤進一先生や石井進先生といった、まさに東大の日本史研究を担う錚々《そうそう》たる先生方でした。しかし、京都大学で学ばれて、現在は国際日本文化研究センター教授となられた井上章一《いのうえしょういち》先生は、「やはり中世の国家は、権門体制論であるべきだ」と考えたのだと思います。国際日本文化研究センターにおいて、権門体制論と東国国家論、すなわち中世の西と東の日本を考える研究会を立ち上げました。そして、東大で学んだ人間を京都へと招き、京大で学んだ研究者たちと共に、東と西の議論をする取り組みを行いました。自説のみを押し付けず、批判を受け入れ、お互いを切磋琢磨《せっさたくま》しようとする姿勢に、井上先生の度量の大きさを感じます。なお、このときに、東京大学の研究者としてメンバーに加わったのが、ベストセラー『応仁の乱　戦国時代を生んだ大乱』などで知られる呉座勇一《ござゆういち》さんです。なお、彼は、権門体制論の支持者でもあるようです。

しかし、こうした取り組みを行う大前提として、やはり立ち戻るべきだと思うのが「中世に国家があったのか？」という問いだと、僕は思います。かといって、石井先生のように「国家の存在に疑問を持たないような研究者は、俺は知らん」という態度を取るのもいかがなものかと感じます。だからこそ、正当に権門体制論を批判するために、中世の国家を分かりやすく説明するためにはどうしたらいいのか、僕はいろいろと考えてきました。

そこで、考え付いたのが、「当為と実情」の視点から、中世をとらえ直すという試みです。

将軍は天皇に任命される存在と考えるのは、「建前」に過ぎない

みなさんは、「当為と実情」という言葉をご存じでしょうか。

ドイツ語で言えば、「ゾルレン（sollen）とザイン（sein）」とも呼ばれますが、もっと簡単に言うなら「本音と建前」でもいい。「当為」とは、「〇〇すべきである」という建前や理想を指し、「実情」は「〇〇である」という本音や現実を意味します。

とても難しいことですが、中世という時代における、本音と建前を考えてみましょう。

僕自身も肌身で感じましたが、権門体制論という定説を疑う上で、最もわかりやすいのは、「天皇が将軍を任命するのであって、将軍が天皇を任命するのではない。だから、天皇が上で将軍が下であり、東と西に天皇と将軍が並び立つのは変である」という考え方に

どう反論するかです。

たしかに、中世は天皇が将軍を任命するという行為が行われていました。一方で、中世における将軍と天皇の関係の実態を見ると、「天皇が将軍を任命する」のは、あくまで建前だと僕は思います。実際にその視点に立って調べてみると、おもしろいことがわかります。

たとえば、一二二一年、後鳥羽《ごとば》上皇（一一八〇～一二三九年）が鎌倉幕府を倒せとの命令を下しました。鎌倉幕府はこの命令に対抗して、大軍勢を京都に送り、朝廷軍を打ち破ります。後鳥羽上皇は幕府によって捕縛《ほばく》され、隠岐《おき》島へ流されました。この戦を「承久《じょうきゅう》の乱」と呼びますが、この時に幕府は、畏れ多くも当時皇位にあった仲恭《ちゅうきょう》天皇（一二一八～一二三四年）を、後鳥羽上皇と共に倒幕計画に参加したことを理由に、無理やり皇位から引きずり降ろしています。この事実を強調する歴史学者はほとんどいないのですが、天皇の地位にいる人物を無理やり引きずり降ろすという行為は、とてつもない出来事です。

なお、ここで名前が挙がった仲恭天皇は、明治時代まで正式な天皇としては数えられていませんでした。ただ単に九条廃帝《くじょうはいてい》、と呼ばれていたのですが、明治時代に入ってから、明治天皇が「仲恭天皇」という名前をこの天皇に贈ったことで、はじめて皇統譜の中で正式に認められました。

仲恭天皇の存在を通じて、僕たちが知ることができるのは、「中世の幕府は、軍事力で天皇を否定することができた」という事実です。

幕府によって即位を阻止された忠成王《ただなりおう》

また、もうひとつ見過ごせないのが「朝廷は皇位継承について幕府にお伺《うかが》いを立てていた」という点です。承久の乱以降、朝廷は天皇が代替わりをし、新たな天皇が即位する際は、「次の天皇をこの人にしますが、いいでしょうか？」と必ず幕府に確認するようになりました。鎌倉幕府は、たいていの場合は、「どうぞ、朝廷のお計らいの通りにしてください」と答えていますが、一件だけ例外があります。

一二四二年、若くして天皇の座についていた四条《しじょう》天皇（一二三一～一二四二年）が、十二歳にして、跡継ぎを成さぬままに崩御します。四条天皇には弟もいなかったため、新たな天皇を誰にするか考える必要がありました。そこで名前が挙がったのが、後鳥羽上皇の孫のうちの一人である忠成王《ただなりおう》（一二二二～一二八一年）という人物でした。この方は、後鳥羽上皇の嫡流《ちゃくりゅう》なので、皇位を受け継ぐ存在としてふさわしいだろうと朝廷は考えたのです。しかし、幕府は「後鳥羽上皇の嫡流の皇位への復活は許さん」と反発します。

その当時、鎌倉幕府で権力を持っていたのは、御成敗式目《ごせいばいしきもく》を定めた人物として知られる北条泰時《ほうじょうやすとき》（一一八三〜一二四二年）でした。泰時は幕府内でも比較的穏健派としても知られていましたが、そんな彼にとっても、忠成王の即位は許せないものだった。そこで、即位を断固阻止するため、北条泰時は安達義景《あだちよしかげ》（一二一〇〜一二五三年）という人物を、特使として京都へ派遣します。これは、「もし朝廷が、幕府の意見を無視して忠成王を皇位に据えるならば、軍事力を用いても構わない」という強硬な意思表示でもありました。結果、同じ後鳥羽上皇の孫ながら嫡流ではない邦仁王《くにひとおう》（一二二〇〜一二七二年）という人物が、後嵯峨《ごさが》天皇として皇位を継ぎました。

ここで注目したいのが、幕府は自分の気に入らない天皇が皇位についた場合、軍事力で阻止できたという事実です。朝廷は「次の天皇はこの人でいいですか？」と幕府にお伺いを立てており、たいていの場合、幕府は「どうぞ、お心のままに」と答えるものの、そこに拒否権は存在していたということです。

一方、将軍についてはどうでしょうか。建前上は、天皇は将軍を任命するので、天皇が将軍を決めているように見えます。でも、本音では、次の将軍が誰になるかを、天皇が決めることはできません。

つまり、本質をみれば、その構造は逆なのです。天皇が将軍を決めるのではなく、将軍が天皇を決める。しかも、その将軍はお飾りであり、実権を握っているのは北条氏だという複雑な関係でもあります。この議論があれば、権門体制論の「天皇と将軍には上下関係があり、並び立つ存在ではない」という一番わかりやすい主張を打ち破ることができます。

「武士の政権」は、なぜ西ではなく東に誕生したか

また、僕が井上先生と対話をした際に思ったのは、「西の優位は認めるべきだ」ということです。中世の東国はいろいろな面で遅れを取る辺境の地でした。京都をはじめとする西のほうが、経済や文化などさまざまな面で進んでいます。だから、京大で学んだ先生方が、日本の歴史において京都の存在をことさら評価するのは間違いではないのです。それを踏まえた上で、日本の歴史の法則として僕が強調したいのが「日本の歴史は西高東低である」という点です。つまり、西のほうが文化度も高くて栄えており、東のほうが遅れた田舎であった。

過去の歴史を検証するとき、どうしても、僕たちは現在の常識にとらわれてしまいます。現在のように首都圏に人が集まり、繁栄している様子を考えると、この言葉にピンとこない人も多いのではないでしょうか。ですが、日本が「西高東低」の国であったことは、過去のさまざまな事柄を検証するたびに、目につきます。

たとえば、「下らない」という言葉がありますが、これは関西から江戸に「下ってきた」お酒はおいしいが、江戸周辺で造って「下らない」お酒はおいしくないから、という意味で使われるようになったとの説があります。この言葉を見ても、関西を上、江戸を下と考える共通認識は間違いなく存在していたのです。そもそも関西ではなく、「上方」ですしね。

その後、江戸に幕府ができて東は発達していきますが、文化文政の幕末近くになり、江戸の庶民が文化をリードする時代になるまでは、東西の文化は同じレベルになかったと僕は考えています。

また、二〇二一年の大河ドラマの題材にもなった渋沢栄一《しぶさわえいいち》は、明治期に日本初の銀行を作った人物として知られています。なぜ、「ＢＡＮＫ」という英語を「銀行」と訳したのかというと、関西圏の商売が銀本位制だったからです。対する関東は、金本位制でした。関西のほうが商売で勢いがあったからこそ、渋沢栄一は「ＢＡＮＫ」を「銀行」と名付けたのでしょう。もし、関東のほうが、商売が繁栄していたなら、銀行は「金行」と呼ばれていたかもしれません。これは、日本の明治時代でも、まだ経済は西が上だったという根拠でもあります。

ここで、なぜ田舎である東国の鎌倉に幕府が誕生し、京都に拠点を持っていた平清盛《たいらのきよもり》（一一一八〜一一八一年）は武士による政権作りに失敗したのかを考えてみましょう。

平清盛は、先進地帯である西で新しい武士たちによる政権をクーデターによって作ろうとしたものの、朝廷は強靭で、政権は瓦解《がかい》してしまいました。平家の失敗の原因を知っていた源頼朝《みなもとのよりとも》（一一四七〜一一九九年）は、同じ過ちを繰り返さぬために、東国である鎌倉に政権を作りました。頼朝にしてみれば、鎌倉の利点は、田舎の地だからこそ武士による政権を作っても、京都の影響をダイレクトに受けないで済む点です。京都に住む貴族たちは、東国の武士たちの活動は、「田舎者たちが何かやっているけど、放置しておくか」という感覚で眺めていたことでしょう。

現代で考えてみても、東京近郊にあぶない組織があれば早々に政府によって壊滅させられるでしょうが、仮に山奥のほとんど人がいない僻地《へきち》にそうした組織が存在しても、そこまで厳しく対応されることはないでしょう。今の時代で「銀座の一等地に一〇坪の土地と山奥に一〇〇〇坪の土地、どちらが欲しいか?」と聞かれたら、多くの人は仮に小さなものであっても銀座の土地を欲しがる感覚と近いです。当時は田舎と見なされていた関東だからこそ、朝廷から目を付けられずに、源氏政権を運営できた。この事実を考えれば、当時の西の優位は間違いありません。幕府が成立したということは、西の朝廷から敵と認定されなかった証拠でもあります。そう考えれば、幕府は朝廷から干渉を受けていない、独立した別の政権だと考えることができます。

中世の日本は、「一つの国」ではなかった

さらに、僕が権門体制論という定説を疑う根拠に挙げたいのが、「当時の日本はひとつの国ではなかった」という考え方です。

日本という国が中央集権に基づいて運営される現在だからこそ、北は北海道から南は沖縄まで、全国各地で大体同じようなサービスを我々は受けることができます。しかし、このように、日本がどこの地域でも同じように生活する状況が生まれるのは、実は豊臣秀吉《とよとみひでよし》の全国統一以降です。

それ以前は、税金の額や単位すらも土地によって違っていました。たとえば、当時の税金は、米で納められていましたが、地域ごとにお米を計る升《ます》の大きさが全然違ってきます。度量衡《どりょうこう》の統一されていない当時の日本は、税金さえ統一されていないということ。ここで、無理やり「中世にひとつの国家があった」と考えるほうが難しいのです。

関東にある鎌倉幕府は京都の朝廷とは違うし、さらに言えば平泉《ひらいずみ》の奥州《おうしゅう》藤原政権も全く違う権力体です。下手をすれば、当時の日本には三つの国があったと言っても過言ではありません。こうした数々の根拠を丁寧に見ていくと、「中世には一つの国家があった」とは言い切れない。よって、「中世だって当然国家があったはずだ」という前提から始まる権門体制論は、成立しないのだと僕は思います。

第2章　「鎌倉幕府の成立年次」を探る

「定説」なのに、なぜか全く支持者がいない「一一八五年説」

かつての日本史の教科書では、「いい国（一一九二）作ろう、鎌倉幕府」という語呂合わせと共に、鎌倉幕府の誕生は一一九二年だと記載されてきました。この年はどんな年かというと、源頼朝が征夷大将軍《せいいたいしょうぐん》に任命された年です。

しかし、現在の教科書では、鎌倉幕府の成立年は「いいハコ（一一八五）作ろう、鎌倉幕府」の一一八五年説のほうが有力です。では、一一八五年に何があったのか。この年は、源頼朝が全国にある「国」（現在の県にあたる）に守護《しゅご》を置き、全国の荘園に地頭《じとう》を置くことを、朝廷から正式に許可された年でもあります。守護地頭を置いたことで幕府の支配が全国支配になり、幕府は生まれたという考え方が、一一八五年説の根拠になっています。

この鎌倉幕府の成立年について、実は以前、すごく不思議な体験をしたことがあります。数年前、僕はプロデューサー補助のような形で、とあるテレビ番組に関わったことがあります。番組の内容は、本物の歴史の研究者を連れてきて、さまざまなテーマでお互いに議論を交わしてもらおうというものでした（視聴率が振るわず、残念ながら、放送自体は二回で終わってしまいましたが……）。

その放送第一回目のテーマが「鎌倉幕府は一一九二年にできたのか、一一八五年にできたのか」で、第二回目のテーマは「鎖国は本当にあったのか」でした。同時収録した第二回目についていては、何の問題もなく収録できたのですが、鎌倉幕府成立を扱った第一回については、非常に収録が難航したのを覚えています。

なぜ難航したのかというと、「この人は一一九二年論の支持者だろう」「この人は一一八五年論の支持者だろう」と思って、歴史研究者たちに声をかけても、ことごとく「自分はそう考えてはいません」と言われて、なかなか番組に出演してくれる人が見つからなかったからです。

特に、一一八五年説については、教科書にも書いてある「定説」なのだから、もう少し支持者がいてもいいと思うのですが、驚くほどに見つかりません。出演してくれる研究者を捜しつづけるうちに、さすがに万事に楽観的な僕も「定説と思われている一一八五年説だが、積極的にこの説を支持している研究者はいないのではないか」と疑問に駆られたのです。

「日本史の定説」＝「山川出版社の教科書に載っている説」

ならば、なぜ一一八五年説が鎌倉幕府成立年の定説とされているのでしょうか？　そもそも日本史の定説はどうやって作られるのかというと、実は山川出版社という特定の出版社が出している歴史の教科書に書かれた説が、定説だという扱いになるのかもしれません。山川出版社は、歴史教科書の全国シェア最大を占める業界のガリバーです。もちろん山川出版社以外にも教科書を出している出版社はあるのですが、二位の東京書籍や三位の実教出版の教科書は、どちらも山川出版社には遠く及びません。だから、山川出版社の教科書に載った説は、日本史の定説であるという扱いを受けます。

では、誰が山川出版社の教科書を書いているのかというと、東京大学の日本史研究室の先生方です。非常にいやらしい言い方ではありますが、東京大学日本史研究室の先生になるということは、この学問のトップに立つのと同義だと目されています。なぜかというと、循環論法になってしまいますが、山川出版社の教科書を書くことができるからです。余談ですが、山川出版社の教科書はシェアが多いので、買ってくれる学校も多く、出版部数が多いので、印税もたくさん入る。そう考えると、山川の教科書執筆は先生方にとって、とても良いアルバイトになっています（苦笑）。

何種類も説がある鎌倉幕府の成立年

では、鎌倉幕府が成立した年は、本当はいつなのでしょうか。いろんな研究者に聞いてみたところ、実にさまざまな説が出てきます。

まず、一番古い説は一一八〇年説です。これは源頼朝が挙兵し、鎌倉に入った年です。このとき、すでに頼朝は、瞬《また》く間に南関東の大部分を制圧して、自分の本拠地を鎌倉に定めていました。その時点で、鎌倉幕府はできていたと考えるのがこの説の特徴です。

そのほかに有力な説は、一一八三年説です。これは頼朝が、のちに政所《まんどころ》と呼ばれる公文《くもん》所《じょ》という役所を開いた年です。あまり有力な説ではありませんが、鎌倉幕府の役所ができて、頼朝がきちんと政治をやり始めた年であり、幕府の内実が整ったタイミングだったともいえるでしょう。

続いて、現在「定説」とされる一一八五年説は、全国に地頭と守護が置かれた年です。

その次は、一一九〇年説。これは、頼朝が既存の武官としてトップの地位とされる、近《この》衛大将《えのだいしょう》になった年です。通常は貴族が任命される官位ですが、彼の場合は、武士でありながら近衛大将になるという異例の出来事が起こりました。余談ですが、戦前の軍で使われた大将、中将、少将という官位は、この当時の官位に由来して付けられています。

一一九〇年は、頼朝が挙兵以来、初めて京都に上洛し、後白河上皇《ごしらかわじょうこう》に謁見《えっけん》をした年でもあります。東西両巨頭のトップ会談が行われた末、頼朝の政権を後白河上皇が公認をしたとみなすのが、一一九〇年説の根拠です。

そして、一一九二年説は、ご存じのとおり、頼朝が征夷大将軍に任命された年です。

「征夷大将軍」という名前は、実は縁起《えんぎ》のよさで選ばれた?

このように鎌倉幕府の成立年にはいろいろな説が存在します。紹介したもの以外にも、探せば、もっと細かな説はいくらでも存在します。

では、以前は定説と考えられていた一一九二年説が、急に人気を失ったのはどうしてでしょうか? それは、近年になって、なぜ征夷大将軍という官職が生まれたのかの過程を記した、新たな史料、貴族の日記の抜き書き集である『三槐荒涼抜書要《さんかいこうりょうぬきがきのかなめ》』という書物が出てきたからです。これまでに僕たち歴史学者たちが見落としていた史料が、実は存在したという非常に珍しい出来事が起こったのですが、そこには、征夷大将軍という官職自体が実は張りぼての存在で、内実を伴わない肩書であることが記されていました。

史料によれば、当時朝廷で権力を持っていた後白河上皇（一一二七～一一九二年）は、関東で力を増していた頼朝の存在を警戒しており、これ以上大きな権力を持たせたくないと考えていました。そのため、頼朝が特別な官職を欲しても、朝廷は許可しませんでした。ところが、後白河上皇が亡くなったのを見計らった頼朝は、「私を大将軍に任命してください」と朝廷に訴えたのです。大将軍とは何か。近衛大将が将軍なので、その上をいく〝大〟将軍。今風にいえば、「スーパーでスペシャルな、特別な将軍に任命してください」ということです。

それまで頼朝に与えられた近衛大将は、右近衛大将《うこんえのだいしょう》と左近衛大将《さこんえのだいしょう》と常に一人ずつ存在する、必ず誰かが任命されている役職なので、頼朝が近衛大将になったとしてもさほど特別なことではありません。だからこそ、頼朝は「近衛大将を超える、スーパー大将軍に私を任命してください」と朝廷に訴えた。彼にしてみれば「私は特別な存在です。その事実を朝廷は認めて、伝統を超えた官職をくださいとの想いだったのでしょう。

後白河上皇がいなくなった朝廷は、頼朝の願いをあっさりと受け入れ、新たな役職を考えました。でも、ただ「大将軍」と呼ぶのではなく、何か良い名前を付けるべきではないかと考えた朝廷は、縁起《えんぎ》を参考に、検討し始めます。「縁起がいいか、悪いか」で、名前選びが行われたのです。

頼朝は東を拠点にする武士なので、まず候補になったのが「征東大将軍」です。この官職は、以前、木曾義仲《きそよしなか》（一一五四～一一八四年）が「東を征する大将軍」として与えられた称号で、一見、頼朝にぴったりのネーミングでした。しかし、よくよく考えれば、義仲は、後に頼朝に討伐されてしまうため、あまり縁起良くないからやめようとこの案はボツになりました。

もう一つ、候補に挙がったのが「惣官《そうかん》」という名称です。これは、平清盛の後継者である平宗盛《むねもり》（一一四七～一一八五年）が、源氏と戦う時にもらった官職です。「惣官」は、近畿地方のお米を徴収する権利を持っていますが、それとは別に、字面からして、全体を統治する者との意味も持っているので、武士のトップである頼朝にはぴったりではないかと考えられました。しかし、これまたよく考えてみれば、平宗盛は壇ノ浦《だんのうら》の戦いで負け、捕まって打ち首にされています。「あまり縁起のいい名前じゃないね」ということで、これもボツになりました。

その他、中国の「上将軍」との呼び方も候補に上がりましたが、これはまあ外国のものだからという理由で立ち消えになりました。

さまざまな案が出る中で、「昔、平安時代の公家である坂上田村麻呂《さかのうえのたむらまろ》（七五八～八一一年）が、桓武《かんむ》天皇から東北地方の平定を任命されたときに使われた名前があったじゃないか」と声を上げた物知りがいました。そこで、提案されたのが、征夷大将軍です。坂上田村麻呂は、東北地方の平定をやり遂げた後、立派に大納言《だいなごん》にまで出世し、朝廷の支えとして活躍した人物です。だから、「これは縁起がいい。征夷大将軍にしよう」というわけで、頼朝の肩書は征夷大将軍に決まりました。

征夷大将軍とは、言葉だけを見れば「夷《えびす》を討伐する大将軍」を意味します。では、夷はどこにいるかというと、東北地方や関東地方にいます。「西高東低」の視点から歴史の流れを考えれば、京都からすれば関東の「夷」は、東国に住んでいる野蛮人になるのです。仮に、頼朝が彼らを統括し、税金を集め、その税金を京都に送ってくるのであれば、征夷大将軍という官職は、とても具合がいいのです。でも、ここまでの経緯を見ると、征夷大将軍にはきっちりとした内実などなく、ただ縁起が良いだけで与えられた名前だということがわかります。

源頼朝は、征夷大将軍をどんな存在だと考えていたのか

頼朝自身も「征夷大将軍とは名ばかりの官職である」ということは、よくわかっていました。現代の感覚を持つ私たちは、昇進すると、「課長になればこういう権限が与えられる」などと、地位に見合ったものがあるのが当たり前だと思っています。だから、歴史上の人物の官位にも何かしらの権限が付随すると考えてしまいますが、それは過去の歴史では通用しません。

歴史のルールで重要なのは、〝官職〟ではなく〝人〟です。天皇が皇位を降りても上皇として実権を握り続けるのも、豊臣秀吉（一五三七〜一五九八年）が関白を辞めた後も太閤《たいこう》として天下人であり続けたのも、徳川家康（一五四三〜一六一六年）が将軍の地位を息子に譲った後も大御所《おおごしょ》様として政治の実権を握っていたのも、すべては同じ。あくまで歴史は人間本位であって、官職は二の次なのです。

征夷大将軍も同じです。頼朝が征夷大将軍になっても、その官職に付随する権限はあり

ません。なる前も、なった後も、幕府や将軍、すなわち頼朝にとって一番大切な仕事は、武士の本領を安堵《あんど》することでした。つまり、「お前の土地はお前のものだ」と、自分の部下である御家人たちに向けて土地の権利を保証することでした。

一一九二年に征夷大将軍として任命された後、頼朝は、幕府の役所である政所《まんどころ》を設置し、将軍家政所下文《くだしぶみ》という文書を発行して、武士たちの土地を保証していました。ところが、その二年後となる一一九四年には頼朝は征夷大将軍をやめています。それ以降、武士の土地を保証する際は、「前《さきの》将軍家政所下文」という言葉を使っていました。この「前」という表現は、水戸黄門《みとこうもん》の決めゼリフである「畏れ多くも先の副将軍、水戸光圀《みつくに》公にあらせられるぞ」と同じものです。

しかし、頼朝が「将軍」という肩書に固執していたのかというと、そんなこともありません。彼が残した文書には、「前右大将家政所下文」もあります。これを見ると、頼朝からすれば、征夷大将軍に任命されたことと右近衛大将に任命されたことは、ほとんど重みは変わらない。どちらが上か下かということはあまり考えていなかったのだと考えられます。つまり、頼朝自身は征夷大将軍という地位が、武家や幕府のトップを意味すると厳密に考えてはいなかったのでしょう。

頼朝の息子で二代鎌倉将軍となった源頼家《よりいえ》（一一八二〜一二〇四年）にしても、頼朝の死後に将軍職を継ぎます。しかし、彼が征夷大将軍になったのは、幕府のトップになった三年ほど後のこと。頼朝と同様に「征夷大将軍になること＝幕府のトップ」だとは、考えていなかったのです。幕府のトップは征夷大将軍だと考えられるようになったのは、あくまで後世のことです。だからこそ、鎌倉幕府一一九二年成立説は成り立たないと僕は思います。

これは僕の勘ぐりすぎかもしれませんが、第1章でご紹介した権門体制論を支持する京都大学の先生たちには、鎌倉幕府一一九二年成立説を支持する人が多いように思います。なぜなら、一一九二年説は、天皇あるいは上皇が頼朝に征夷大将軍という官職を与えることで、幕府が開かれるという、「天皇」を中心に据えた歴史認識に基づいているからです。

また、第11章でも詳しく説明しますが、この「幕府の成立年」について一番僕が理解できないのは、江戸時代を研究する方たちの幕府成立年の定義です。鎌倉幕府一一九二年成立説を採用する場合、室町幕府の成立年は、足利尊氏《あしかがたかうじ》（一三〇五〜一三五八年）が征夷大将軍になった一三三八年になるはずです。

でも、「建前ではなく本音で歴史を見よう」とする観点によって、室町幕府の成立年は一三三八年ではなく、室町時代の憲法である建武式目《けんむしきもく》ができた一三三六年だとするのが定説になりつつあります。中世の歴史研究家の間では「建前ではなく本音を見よう」とする動きが広がっているのに、なぜか江戸幕府の場合は、いまだに徳川家康が征夷大将軍になった一六〇三年が成立年であると教科書に記述されています。しかも、頼朝が将軍職を二年で辞めてしまったように、家康も征夷大将軍に就任した二年後となる一六〇五年には、将軍職を辞めているにもかかわらず、です。

なぜ、こんな不思議な事態が起こるのかというと、山川出版社の教科書を担当する中世の先生と近世の先生の間で、意見の統一が図られていないからだと思われます。

鎌倉幕府の成立年は、武士たちが自分たちの力で立ち上がったとき

では、僕自身は、鎌倉幕府の成立年をどの説だと考えているのか。まず、現在「定説」とされる一一八五年説では、中世を通して存在する荘園制というシステムが重視されています。この荘園の現地のボスが地頭であり、その地頭を全国の荘園に頼朝が置き、公認されたという点では、一一八五年は妥当な説だと思います。

このとき地頭と共に置かれた、守護も重要な存在です。彼らは、一一八五年にその国を代表する武士として、全国各地に置かれました。室町時代に入ると守護は守護大名になり、戦国時代になると戦国大名へと変貌を遂げます。その戦国大名たちによる切磋琢磨《せっさたくま》の末、統一権力を持つ天下人が生まれていきました。よって、地頭と守護が置かれた一一八五年を鎌倉幕府の成立年とするのは、悪くない考えだと僕は思っています。

しかし、大きな見方としてあるのが、一一八五年説も一一九二年説も「朝廷が認めた」という意味では同じです。征夷大将軍なり、守護地頭を置く権限なり、何を認めたかは別として、どちらも朝廷が幕府に許可を与えた年です。これを採用すると、朝廷が上で幕府が下、すなわち天皇が上で将軍が下という権門体制説を認めるのと同じことになってしまいます。

では、天皇や朝廷といった権威の力に引っ張られず、鎌倉幕府の成立年はいつかを考えてみましょう。そもそも、鎌倉幕府は誰が作ったのでしょうか。鎌倉幕府は、関東の武士たちが己《おのれ》の力で立ち上がり、作り上げた、武士による政権です。天皇や朝廷といった第三者が認めたから、幕府が生まれたわけではありません。そう考えていくと、鎌倉幕府の成立年として推したいのは、一一八〇年成立説です。

実は、一一八〇年成立説は、僕以外にも支持者はいます。かつては僕の上司であり、現在は放送大学で教鞭《きょうべん》を執《と》る近藤成一《こんどうしげかず》先生は、本当は一一八〇年の支持者です。しかし、こちらの事情を察して、冒頭でご紹介したテレビ番組では「一一八五年説の支持者」として出演してくださいました。僕の師匠の師匠であり、東国国家論を提唱した佐藤進一先生も、一一八〇年説を支持していた、と近藤先生に教わりました。

誰が認めてくれたから、幕府が開かれたわけではない。天皇の権威とは関係なく、武士たちが立ち上がったからこそ幕府ができた。その立場に立つ僕のような研究者としては、一一八〇年説こそが、一番しっくりと納得できる説なのです。もちろん、異論は大いに認めますが。

第3章

「承久《じょうきゅう》の乱」をめぐる新説

後鳥羽《ごとば》上皇の「命令書」に書かれた「北条義時《ほうじょうよしとき》を討て」の一文

鎌倉時代に起きた大きな騒乱である「承久《じょうきゅう》の乱」。この戦は、一二二一年に後鳥羽上皇が鎌倉幕府を倒せと呼び掛けたことから始まります。後鳥羽上皇の呼び掛けを聞いた鎌倉幕府は、朝廷に反発し、徹底抗戦を決めました。その際、鎌倉幕府の執権で、実質的なボスであった北条義時（一一六三〜一二二四年）は鎌倉籠城を主張しましたが、大江広元《おおえのひろもと》（一一四八〜一二二五年）をはじめとする文官たちは、「もっと積極的に京都に攻め入ろう」と声を上げ、京都に大軍を送り込みます。鎌倉の幕府軍は、東海道、東山道、北陸道という三つの大きなルートを通じて、京都を目指しました。各地で朝廷軍を打ち破り、ついには京都になだれ込んで後鳥羽上皇を捕縛。隠岐島へと流し、朝廷は敗北した……というのが承久の乱の「定説」だと、長年の間、考えられてきました。

しかし、最近になって、承久の乱に関する新たな説が出てきました。「後鳥羽上皇が倒したかったのは、あくまで北条義時その人であり、鎌倉幕府を否定しようとは思っていなかった」という説です。

まず、承久の乱のはじまりはなんだったのか。それは、後鳥羽上皇が出した「北条義時を討て」という命令書が発端です。文書の現物は残っていないため、後鳥羽上皇個人の命令書である院宣《いんぜん》として出たのか、朝廷の正式な命令書である官宣旨《かんせんじ》として出されたのかはわかっていません。しかし、当時の朝廷の正式な命令書として出されたのは確かです。

古文書の文言には、「鎌倉幕府を倒せ」とは書いておらず、「北条義時を討て」と書かれていたようです。だからこそ、この命令書はあくまで「北条義時個人を討て」ということであって、後鳥羽上皇には鎌倉幕府を倒す意思はなかった。そう考える研究者が増えているようです。いまだ「定説」とまではいかないものの、今後、承久の乱を考える上での、有力な説として扱われていくのは間違いなさそうです。そこで、本章では、この新たな説について、検証していきたいと思います。

「承久の乱」で有名な北条政子《まさこ》の演説の真偽

では、なぜ、多くの研究者が「後鳥羽上皇は北条義時だけを討とうとしていた」と考えるようになったのか。その一因として大きいのが、北条政子《まさこ》（一一五七～一二二五年）の存在です。

ドラマや歴史番組で承久の乱を扱う際、必ずといってもいいほど入っている有名なシーンが北条政子の演説です。

後鳥羽上皇が「鎌倉幕府を倒せ」という命令書を出した後、幕府の首脳陣が集まって、「後鳥羽上皇がこんなことを言っていますが、どうしましょう?」と会議をしました。その際、北条政子が「頼朝様の恩は海よりも深く、山よりも高い。お前たちは今、心を一つにして、この未曾有《みぞう》の危機に対処しなくてはならない」と名演説を行った。これによって心をひとつにした鎌倉の御家人たちは、決死の思いで朝廷と立ち向かっていく……。北条政子が大演説している様子は絵になるため、このシーンはこれまでにも何度もメディアで取り上げられてきました。

なお、天皇が命令して官軍が結成されたものの、天皇側が負けたのは、日本の歴史上では実はこの一回だけです。錦《にしき》の御旗《みはた》が翻《ひるがえ》ったにもかかわらず負けてしまった戦なので、戦前の歴史学では、このエピソードが積極的に取り扱われることは少なかったようです。

しかし、実は史料を見ると、承久の乱の最中、北条政子が演説をしたという史料は存在しません。鎌倉時代の歴史資料である『吾妻鏡《あづまかがみ》』によれば、政子は会合の場にこそ居合わせたものの、あくまで彼女がいたのは御簾《みす》の中。当時は、身分の高い人は御簾の中におり、姿を見せないのが通例だったためです。政子は、安達義景《あだちよしかげ》の父である安達景盛《かげもり》という武将に「頼朝様の御恩は海よりも深く、山よりも高い。お前たちその恩を忘れるな」という自分の想いを伝え、それが、景盛の口から御家人たちへと語られた……と『吾妻鏡』には書かれています。

筋肉質な武士が話すより、政子がしゃべったほうが絵になるので、たいていの歴史番組やドラマでは、彼女自身が武士たちの前で演説したとするシーンがあるのです。『吾妻鏡』によれば、演説したのはあくまで安達景盛ですが、その言葉を言わせたのは北条政子なので、「彼女がこう言った」と伝えるのは、間違いとも言えないのですが。

ところが、京都で作られた『承久記《じょうきゅうき》』では、このとき政子は『吾妻鏡』とは全然違う話をしたと書かれています。彼女は武士たちの前で、「私は頼朝様との間に四人の子を授かった。男の子二人と女の子二人だ。だが、全員母親に先立って亡くなってしまった。お前たちも知っているように、二代将軍の頼家《よりいえ》と三代将軍の実朝《さねとも》は殺されたし、長女の大姫《おおひめ》は後鳥羽上皇の妃《ひ》になる前に病気でこの世を去った。次女の三幡《さんまん》も病気で亡くなったし、頼朝様にも先立たれた。今、私は弟の義時を失うと本当に一人ぼっちになってしまう。だから、私は弟を死なせるわけにはいかないのだ」と、自分の身の上に起きた不幸を、切々とみんなに訴えかけたのだと。

政子が、『吾妻鏡』のように「お前ら、負けるんじゃない！」と武士全体にハッパをかけたのではなく、『承久記』にあるように個人の感情に訴えたのだとしたら、後鳥羽上皇が「討て」と言った対象は、鎌倉幕府ではなく北条義時であるという説は、成り立ちます。

鎌倉時代には「幕府」という言葉はなかった

ここで一歩考察を深めてみましょう。そもそも、当時の社会に「幕府」という考え方があったのでしょうか？

結論から言うと、「幕府」という言葉ができたのは、室町時代以降です。当時、学のある禅僧がこの言葉を使っていることから、それは明らかになっています。

しかし、この「幕府」という言葉を知っていたのは、中国の歴史をよく知っているほんの一握りの物知りの僧侶たちだけです。本場の中国ですらこの語はほとんど使われてはいませんでしたが、彼らが、「室町将軍の権力の姿は『幕府』だ」と考えたことから、使われるようになりました。

大切なことは、繰り返しますが、当時は、ほんの一部の知識層しか「幕府」という言葉を知らなかったし、「室町幕府」という名称も使われていないということです。中世の武士たちは、「自分たちが所属している組織＝幕府」だとは誰も思っていなかったのではないかと僕は思います。

江戸時代にしても、当時の人々は、幕府という言葉は使わず、「柳営《りゅうえい》」と呼んでいました。現代でも徳川家臣団が存在していますが、その名称は「徳川柳営会」と言います。幕府という言葉が一般的になるのは、あくまで後世のことなのです。

では、なぜ現代で幕府という名前が使われるようになったのかというと、明治時代に入って、歴史学が学問として確立されたとき、過去の歴史の話を論じる際に、武士による統治体をいちいち「武士による権力体とか政権組織」などと呼ぶのは面倒くさいからです。そこで、「武士による権力体のことを、〝幕府〟と呼ぼう」とみんなが決めたわけです。この事例のように、後世になってから、なんらかの名称を決めるパターンは、意外とたくさんあります。

「北条義時を討て」は「鎌倉幕府を潰《つぶ》せ」と同義

こうした前提がある上で、ぜひ考えてみてください。

「幕府」という言葉を使わずに、後鳥羽上皇が鎌倉幕府を倒せと命令を出すとしたら、何と表現するでしょうか？

「北条義時を倒せ」

この表現しかないと僕は思います。よって、「後鳥羽上皇は鎌倉幕府ではなく、北条義時を倒したかったのだ」という説は成立しないと考えます。

その良い証拠が、承久の乱から約百年後、後醍醐《ごだいご》天皇（一二八八〜一三三九年）が倒幕を企て、一三三二年に隠岐の島に流されたときのこと。後醍醐天皇の息子である大塔宮護《おおとうのみやもり》良《よし》親王（一三〇八〜一三三五年）は、父が捕まった後も、一生懸命ゲリラ戦を展開して、鎌倉幕府を討つべしと全国の武士たちに命令します。そこで立ち上がり、活躍したのが楠《くす》木正成《のきまさしげ》（一二九四〜一三三六年）や赤松円心《あかまつえんしん》（一二七七〜一三五〇年）といった武士たちです。護良親王の命令書は何通も残っているのですが、このとき幕府という単語はないので、そこには当然「幕府を倒せ」とは書かれていません。「伊豆国《いずのくに》の北条時政《ときまさ》の子孫である高時《たかとき》法師を討て」と書かれています。つまり、時のボスである北条高時（一三〇四〜一三三三年）のことです。この時、護良親王は、「北条高時を討て＝鎌倉幕府を倒せ」と認識していたことがよくわかります。

もうひとつ、現代の僕らの感覚では、幕府はなんらかのきちんとした組織であったはずだと考えます。でも、調べれば調べるほど、当時それは存在しなかった。まさに「幕府はいつ成立したのか」という考え方と同じですが、初期の鎌倉幕府の実態を的確に表現するとするならば、「源頼朝とその仲間たち」が一番正確な表現だと思います。この当時、「源頼朝を殺せ」と言われたら、「鎌倉幕府を潰せ」と同じ意味を持っていた。

頼朝という強力な王が亡くなった後、有力な御家人たちが争い、多くの血が流れ、戦いの末に生き残ったのが北条氏でした。北条氏の当主である義時こそが、当時の幕府のボスだったのです。まさに「戦いが王を作る」という言葉の通り、戦って、戦って、戦って、勝った末に王になるのが、中世の理《ことわり》だと言えるでしょう。

これを地で行ったのが、豊臣秀吉です。明智光秀《あけちみつひで》（一五一六〜一五八二年）や柴田勝家《しばたかついえ》（?〜一五八三年）を潰し、滝川一益《たきがわかずます》（一五二五〜一五八六年）を下し、徳川家康を政治的に取り込む。秀吉はいつの間にか織田氏が作り上げた天下を奪いました。家康の場合は、関ヶ原の戦いで勝利することで、王になったわけです。

源頼朝の死後、有力な御家人たちの争いの中で勝ち残った北条義時は、鎌倉幕府の王様です。これまでの鎌倉幕府は「源頼朝とその仲間たち」でしたが、北条氏が勝利した後、鎌倉幕府とは「北条義時とその仲間たち」になりました。だとすれば、「北条義時を討て」という命令は、「鎌倉幕府を潰せ」と同じ認識だと僕は思っています。

そうであるから、承久の乱をめぐって、「後鳥羽上皇は『北条義時を倒せ』と言ったのであって、『鎌倉幕府を潰せ』と言ったのではない」と主張するのは、あまりにも言葉尻だけをとらえた、うわべだけの解釈と言えるのではないでしょうか。

鎌倉幕府には本当に十九万人もの兵がいたのか

うわべの解釈に陥ってしまう研究者の多くは、史料を過剰に信用しすぎる傾向があります。鎌倉時代の研究者ならば、『吾妻鏡』を信じすぎてしまう。でも、史料を過信した結果、非常におかしな現象が起こることもあります。

承久の乱の際、後鳥羽上皇の命令に反発し、幕府の文官であった大江広元が、「京都に進撃しろ」と言った後、幕府の軍勢は、東海道、東山道、北陸道の三手に別れて進撃を開始します。『吾妻鏡』では、この時の軍勢数は十九万人だと書いています。でも、どう考えても、幕府軍の軍勢が十九万人もいるはずがないのです。

たとえば、戦国時代の終わりに起こった関ヶ原の時、徳川家康が率いる東軍の軍勢は九万人。対する西軍の数は十万人ほどだったと言われています。この数字を冷静に考えてみてください。鎌倉時代よりも戦国時代のほうが庶民を軍に引き入れる権力が大きいはずなのに、鎌倉時代初期の軍勢の数と関ヶ原に参戦した軍勢の数が、どちらも同じ十九万人のはずがありません。少し理性的になって考えればわかることですが、史料を信じすぎるがあまりに、この数字を平気で額面通りに受け入れてしまう研究者も時に存在します。

史料がウソをついたであろう事例は、ほかにも散見します。頼朝が武士を募って旗揚げしたと聞き、京都にいた平清盛は激怒します。清盛は、頼朝を倒すため、東国に軍勢を送り込みます。歴史書『平家物語』には、この時の軍勢数は七万人だと書いています。しかし、とある貴族の日記を見ると、「軍勢の数は四千人」と記されている。しかも、この四千人に対して、その貴族は「見たこともない大軍だ」と感想を述べています。

さらに遡《さかのぼ》ると、平清盛と源頼朝の父である源義朝《よしとも》が味方同士として戦った、一一五六年の保元《ほうげん》の乱では、清盛が率いていた兵は三百人、義朝は二百人だと伝わっています。

何が言いたいのかというと、当時の幕府の力では、兵士の数は数千人がせいぜいで、十九万人もの大軍を作ることはできなかったのです。でも、歴史書である『吾妻鏡』は、平気で数字を盛っています。史料に忠実なのは結構ですが、何も考えずに妄信しても、それでは正しい認識には結びつかないことが多々あるのです。

中国の歴史書の数字は「実際から十倍は盛る」のが当たり前

以前、当代随一の『三国志』通として知られる早稲田大学教授の渡邉義浩《わたなべよしひろ》先生とお会いしたとき、大変勉強になる話を伺いました。渡邉先生いわく、当時の中国の軍事の常識として、「自分はこれだけ戦って勝った」と強調するため、戦果を報告するときは実際の数字を、十倍の数字に盛って報告したのだそうです。

たとえば、秦《しん》の始皇帝が登場する前に起こった、長平《ちょうへい》の戦いという有名な戦があります。秦と趙《ちょう》という二つの国が戦った結果、勝利した秦の将軍が、降伏した三十万人の趙の兵隊を生き埋めにしたと伝えられています。でも、最初にこの数字を聞いたとき、いかに秦に力があろうとも、三十万人もの人々を生き埋めにするなんてことはあり得ないだろうと僕は思いました。その感想を述べると、渡邉先生はニヤリと笑って、「その通りですね。当時の史料に書いてある数字は、だいたい実際の数字よりも十倍は多くなっていると考えるのが正しいんです。『三国志』で有名な赤壁《せきへき》の戦いにしても、魏《ぎ》の曹操《そうそう》が八十万人の大軍で、揚子江《ようすこう》（長江《ちょうこう》）を越え、呉《ご》を攻めようとしたと言われますが、実際の兵士の数は、八万人くらいだと思います」とおっしゃいました。

「数字は十倍にして記録するのが当たり前」という中国の歴史を、よくよく勉強していたのが、日本の貴族たちです。だから、日本の史料に書かれている数字も、実際のものより十倍に水増しして記載している可能性は充分にあります。先に書かれた『吾妻鏡』の軍勢の十九万人にしても、僕は本当の数は一万五千人くらいじゃないかと計算しました。『吾妻鏡』の中では、「十九万人」のように景気のよい数字を使っている部分もあれば、リアルな数字ではないかと思われる部分もあります。

僕自身が「『吾妻鏡』の中でも、これはリアルな数字だから使えるな」と思っている部分は、京都に進撃した北条義時の息子・泰時《やすとき》の所に、後鳥羽上皇が書いた「京都の中で乱暴しないでくれ。私はこの戦いに積極的に関与していない」と弁明する院宣《いんぜん》、すなわち、上皇の命令書が届いた場面です。院宣を見た泰時は「お前たち、これが読めるか」といって、勇士五千人を振り向いたとの記述があります。その五千人のうち、院宣を読むことができたのは、たった一人だけだった。この記述は、いかに当時の関東の武士たちに教養がなかったのかを表す一方、泰時が率いていた軍勢が五千人であったことも示しています。

京都に向かう鎌倉幕府の軍勢は、三つに分かれていました。北条泰時の叔父にあたる北条時房《ときふさ》が、同じような形で一つの部隊を率いるのと同時に、北陸からも兵隊がやってきます。もし、それぞれの軍勢が同じくらいの数だったとしたら、五千人の軍勢が三つあったことになります。ならば、総勢はだいたい一万五千人だったのではないか。十九万人と言う数字はウソでも、十九万人という数値を約十分の一にした一万五千人くらいなら、あり得る話かもしれません。

史料はただ「読む」のではなく、「読み込む」ことが重要です。書いてあることをそのまま信じ込んでしまうと、「後鳥羽上皇は鎌倉幕府ではなく北条義時を討とうとした」「鎌倉幕府の軍勢は十九万人いた」と誤読してしまう恐れがあります。史料を読み込んだ末、辿《たど》り着く回答として、やはり「後鳥羽上皇は、北条義時ではなく、鎌倉幕府を倒そうと考え、承久の乱を起こした」という定説のほうが、正しいのではないかと僕は考えます。

第4章　北条時宗《ほうじょうときむね》は「救国」の英雄か

北条氏の中でも高い知名度を誇る北条時宗

二〇二二年のNHKの大河ドラマである『鎌倉殿の13人』は、源頼朝の義弟である北条義時を主人公にした作品です。大河ドラマで鎌倉時代の人物がクローズアップされるケースは少ないのですが、二〇〇一年に和泉元彌《いずみもとや》さん主演で放映されたのが、鎌倉幕府の第八代執権であり、蒙古《もうこ》襲来時の鎌倉幕府のリーダーであった北条時宗《ときむね》（一二五一〜一二八四年）を主役に据えた『北条時宗』でした。

戦前、時宗は、フビライ・ハン（クビライ・カアン）率いるモンゴルを撃退し、日本を守った「救国の英雄」として高く評価されていました。その影響か、歴代の北条氏の中では知名度が高い人物でもあります。

しかし、本当に戦前の定説であったように「時宗＝モンゴルから日本を救った英雄」だったのでしょうか？

では、元寇《げんこう》についての、現在の定説はどうなっているのでしょうか。実は、日本史の中でも外交史は研究が進んでいない分野で、蒙古襲来についても、それほど研究が多くありません。「なぜ、モンゴルが日本を攻めてきたのか」という基本的な部分からして、いまだ学者が説を出し合って議論する段階には至っていません。

そこで、「時宗は救国の英雄だったのか」という定説を疑う上で、注目すべきは「他分野の専門家の意見を聞くこと」だと僕は思っています。

別の角度から切り込む専門家の意見は、時として歴史の解釈に大きな示唆を与えてくれるものです。たとえば、歴史研究者の間では「豊臣秀吉の息子とされる豊臣秀頼《ひでより》（一五九三〜一六一五年）は、本当に秀吉の子供だったのか」という疑問があります。ですが、これは文献読解の研究者だけの間で侃々諤々《かんかんがくがく》の議論を交わすだけでは結論は出せません。産婦人科の専門家に「これまでに何人もの側室を持ちながらも、子をなすことができなかった男性が、老年になってからも子供を作ることが可能なのかどうか」を解説してもらうほうが、生産的だと言えるでしょう。ちなみに僕がこの点について質問した先生方は、異口同音に「秀吉の子ではないだろう」と返答されました。

では、北条時宗が直面したモンゴルの襲来の原因について、誰に聞くのが正解か。それは、モンゴルの研究者に聞くのが一番ではないでしょうか。モンゴルについて精力的に研究していらっしゃる研究者に、京都大学名誉教授の杉山正明《すぎやままさあき》先生がいらっしゃいます。この方は、「テレビには絶対出ない」という縛りをご自分に課している方なのですが、東洋史やモンゴル史がご専門で、数多くの著書もお持ちです。その杉山先生は、「モンゴルのフビライは、当初は、日本を本気で攻めようと思っていなかったのではないか」という説を提唱されています。

フビライの使者を〝既読スルー〟した鎌倉幕府

モンゴルが日本にアプローチする以前から、日本には領土をどんどん拡大していくモンゴルの噂は届いていたようです。当時の中国大陸と日本の間には正式な国交はないものの、ビジネス的な行き来は行われていました。そのため、「モンゴルという、好戦的な国があるらしい。下手をすると日本にもやってくるかもしれない」「モンゴルのフビライが、日本に強硬な姿勢を示してくるのではないか」「日本に攻めてくるんじゃないか」という話が伝わっていたのでしょう。この頃、日蓮《にちれん》宗の宗祖である日蓮は、「法華経《ほっけ》を大切にしないと、敵が攻めてくるぞ」と警鐘《けいしょう》を鳴らしていたそうですが、その背景にはこうした噂があったのかもしれません。

ですが、実際のところは、モンゴル帝国の第5代皇帝であるフビライ・ハンは、いきなり日本に攻め込んできたわけではありません。元寇《げんこう》が起こる前に、フビライは日本に何度か使いを送ってきています。

モンゴルからやってきた使者は、まず大宰府《だざいふ》に国書を持ってきます。モンゴルからの国書は京都の朝廷に送られ、当時の朝廷では一番の学者だとされた文書博士の菅原長成《すがわらのながなり》が、返書の草稿を書くことになりました。朝廷が、「さて、国書を返信しよう」としたとき、ストップをかけたのが鎌倉幕府です。

幕府は、「交渉は私のほうでやりますので、朝廷はおとなしくしていてください」と主張し、朝廷は幕府の意向に従います。ところが、その後、幕府はモンゴルからの使者をもてなすこともしないばかりか、国書に返信もしませんでした。いわゆる、華麗なる〝既読スルー〟をしたわけです。

いつまでも返信しない幕府側の様子に疑問を持ったのか、フビライの使者はもう一度日本を訪れます。それに対して、幕府は再び無視。こうしたやり取りが、何度か続きました。

フビライは中華思想を実践すべく、日本に国書を送った？

なぜ、フビライは、わざわざ日本にまで使者を送り、「挨拶《あいさつ》に来い」と言ったのか。当時、フビライは、元《げん》という国を作り、中国大陸における初代皇帝になろうとするところでした。中国大陸の伝統的な王朝の皇帝に即位するために、自分にはなにが必要か。それを考えたときに思い当たったのが、東アジア世界の存在です。

ここで、中国に伝わる「中華思想」について、少しご説明したいと思います。中華思想とは、中華の皇帝の徳を慕って、東アジア周辺の野蛮な国々が挨拶にやってくるという思想です。その思想によって、古くから中国で成り立ってきたのが、「冊封体制《さくほう》」です。

冊封体制とは、東アジアの国々が中国を宗主国として仰ぐことで、中国の皇帝が「お前をこの国の王として認める」と各国を自分の庇護下におさめ、一方で東アジアの国々は中国王朝の「朝貢国《ちょうこうこく》」と呼ばれる属国になるという制度です。中国側は周囲の国を家来にできるし、皇帝に認められた国の王は、中国の皇帝という強力な後ろ盾《うしろだて》を得ることができる。かつて、隋《ずい》や唐《とう》といった中華帝国の国々でも、この体制は取り入れられていました。東アジアの国々でいえば、朝鮮やベトナムは中国の朝貢国だったので、元号や文字などは中国王朝のものを使用しています。

冊封体制を受容することは、朝貢国にとって経済的にも大きなメリットがあります。朝貢国は、宗主国である中国に貢《みつ》ぎ物を持って行くのですが、帰り際には自分が持って行った貢ぎ物の十倍にも匹敵するお土産《みやげ》を持たせてもらえます。また、皇帝へ使者を出す場合は、旅費も宿泊費もすべて中国が負担してくれる。損得を考えれば、莫大な利益がありま す。

日本の場合は、「中国の属国にはなりたくない」というプライドがあったため、昔から朝貢国になったことはなく、完全な冊封体制の中に入ることはしませんでした。そんな態度を取っていても、中国から侵略されなかったのは、やはり中国大陸と日本の間が海によって隔てられていたという地の利のおかげでしょう。ベトナムや朝鮮の場合は、中国と地続きだったため、属国になる道しかなかったのかもしれません。

実は意外と丁寧だった、フビライからの国書

では、肝心のフビライの国書には、どんなことが書いてあったのでしょう。簡単に言え

ば「私の所に挨拶に来い。挨拶に来なかったら知らんからな」といったところです。以前から「日本を襲いにくるかもしれない」と危惧していたモンゴルからの国書にこう書かれていたことで、日本側が警戒心を高めるのもわからなくもありません。しかし、大切なのは、「挨拶に来い」というメッセージと、「挨拶に来なかったら知らんからな」というメッセージの、どちらを重くとらえるかです。

フビライが最初に送ってきた国書の内容については、宗性《そうしょう》という奈良・東大寺の僧侶のノートから知ることができます。宗性は大変な勉強家であり、現代風に言えばメモ魔だったため、彼が残した膨大なノートが残っています。宗性がどこでその情報を仕入れたのかはわかりませんが、ノートの中にフビライが送ってきた国書を書き写していました。だから、現代の研究者たちも、その内容を知ることができるのです。

少し話が脱線しますが、宗性は、その後、東大寺ではトップの地位である権僧正《ごんのそうじょう》にまで上り詰める偉いお坊さんなのですが、彼が残した資料の中にはなかなか面白いものがたくさんあります。たとえば、「私は酒飲んで失敗ばかりしてきたから、もう禁酒をする」という禁酒の誓いが書かれていたり、「自分はお稚児《ちご》さんを大変に愛して人生を送ってきたけども、もういい加減、お稚児さんとの恋愛はやめようと思う」「今の恋人は自分にとって九十六人目である」などとお稚児遊びに関する文章など、今考えればとんでもない生臭《なまぐさ》坊主としか思えないような内容が書き残されています。

さて、話はフビライの手紙に戻ります。この手紙に関する歴史研究者の分析は極めて少ないのですが、中国の歴史小説を書かれていた陳舜臣《ちんしゅんしん》さんは、この文書を見て、「表向きは丁寧に書いてあるけど、その意味するところは、極めて無礼である」と指摘されました。陳舜臣さんを大変尊敬されている『銀河英雄伝説』を書かれた作家の田中芳樹《よしき》先生も、フビライの文書は「極めて無礼であって、これは日本側がどう対応しても日本に攻める気満々である」と書かれていました。中国のことをよく知る小説家の先生方がそう解釈される一方、東洋史の専門家は、この国書をどういう風に見ているのかというと、「モンゴルからの国書はびっくりするほど丁寧だ」と考えています。

陳舜臣さんは「表向きの丁寧さに騙《だま》されてはいかん」とおっしゃったものの、僕たち歴史研究者たちが文書を見るとき、第一に押さえるのはその「形式」です。例えば、現代の僕たちが丁寧な手紙を書くときにも、当たり前に使われている書き方のルールやマナーが存在しています。「拝啓」から始めて、最後は「敬具」で締める。「拝啓」の後に時候の挨拶などから書き出し、最後は「敬具」や「敬白」で書き止めるのですね。また、親しい間柄で時候の挨拶を省略するときは「前略」としたためます。仮に、目上の人に手紙を送るのに「前略」と書き始めたら、それは失礼極まりないことで、相手から怒られてもしかたがないわけです。

このように手紙を見る際は形式を押さえなければならないのですが、フビライが送ってきた国書には、「敬具」の代わりに「不宣《ふせん》」という言葉が使われています。これは、自分が高く評価している相手に使う言葉で、相手をバカにしたり、低く見たりしているときには、絶対に使わない言葉です。ということは、モンゴル側からこんな文書が来ること自体、モンゴルが日本をそれなりに尊重していると言わざるを得ません。陳舜臣さんは、「挨拶」よりも「挨拶に来なかったらわかっているよな?」という部分を強調して、「これは戦争する気満々だ」とおっしゃいます。でも、最後の「不宣」を見る限り、「挨拶に来い」というメッセージのほうが重要ではないかと、東洋史の研究者は考えているわけです。

なぜ、幕府も朝廷も「井の中の蛙《かわず》」だったのか

フビライにとってみれば、自分が新たに中華帝国の皇帝になる以上、東アジアの国は挨

拶に来るべきだと考えた。逆に言えば、挨拶にさえ行けばフビライのメンツは守られる。事実、彼は別に日本に対して挨拶以外の要求をしていないし、征服する必要性も感じていなかった。単に、丁寧に「挨拶に来てほしい」と国書を通じて伝えたかった可能性が高いのです。

当時の北条氏率いる鎌倉幕府や朝廷は、フビライのこの心理を理解していたのでしょうか。本格的にモンゴルの家来になる必要はなく、シンプルに「挨拶のために使者を派遣します」とさえ言っておけば、フビライは怒らなかったのではないか。これが、東洋史の研究者たちの中では、定説と考えられています。

稚拙ではあったものの、朝廷側は外交努力をしようと試みました。ところが、北条時宗をトップとする幕府は、それに「待った」をかけながらも、何もしないまま放置しました。何もしないのならば朝廷に対応を任せればよかったのに、とも思いますが、そのまま返事を放置されたフビライは見事にメンツを潰され、一二七四年の「文永《ぶんえい》の役《えき》」で、日本に兵を送ってきます。

「幕府は返信しなかったが、朝廷はちゃんと返信しようとしたのだから、朝廷は仕事をしていた」という研究者もいるのですが、朝廷が作成した文書もお粗末なもので、その内容は「あなたの国は日本の偉さを分かっているのか」という上から目線のものでした。中国を支配したといってもモンゴルは野蛮な国じゃないか、という感じでしょうか。夜郎自大《やろうじだい》になっていたのでは、と思わざるをえません。

なぜ、幕府も朝廷も、こんなにも井の中の蛙《かわず》になっていたのでしょうか。日本が、平安時代に遣唐使を廃止した後、他国ときちんとした国交を持っていなかったことが、その大きな要因だったでしょう。自国のことしか知らなかった結果、「自分たちは偉いのだ」という感覚だけを誇大化させ、他国の事情やマナーを顧みる余裕がなかったのでしょう。当時の貴族の日記などを見てみると、そんな朝廷側の意識を感じる記述は多数あります。

でも、俯瞰《ふかん》で見れば当然ですが、日本にとっての常識は、外国では通用しません。現代であっても、国と国とのお付き合いにおいて、Aの国側では相手に対して最上級の敬意を払っているつもりでも、Bの国側からすれば、その対応はそれほど大したものとは受け取られない、ということが往々にしてあります。場合によっては、些細《ささい》な事でも、「こいつはモノを知らない野蛮な人間だな」と認定されてしまうこともあります。

本来であれば、お互い違う国なのだから、マナーを大切にするべきなのに、朝廷はそれができていなかった。国書を返そうという試みをした分だけ、幕府よりも朝廷のほうが多少はマシではありますが、国際基準で見れば朝廷側の礼儀もなっていなかったと言えます。

「日本を占領するべきではない」と進言した趙良弼《ちょうりょうひつ》

フビライが日本に兵を送ったとき、実際に彼がどう考えていたのかという明確な証拠はありません。しかし、日本を占領しようと考えていたとは、僕には到底考えられません。

その証拠としてあるのが、趙良弼《ちょうりょうひつ》というフビライから派遣された使者の記録です。彼は、日本に一年ほど滞在して、自分が見聞した内容をつぶさに記して、フビライにレポートとして提出しています。趙良弼が主張したのは、「日本に出兵してはいけません。日本という国は殺伐としていて、無教養な人間ばかりです。国土は大して肥沃《ひよく》ではなく、農産物もさほど豊かには実りません。特産物もそんなにありません。お金をかけてまで攻める意味はないです。出兵して占領しても、何もいいことはありません。ですので、皇帝陛下におかれましては、日本との戦争はおやめください」というものでした。

確かに、当時の日本は、趙良弼にそう言われても仕方がないほど、特産物がありませんでした。平清盛はよく日宋《にっそう》貿易を成り立たせていたなと感心してしまうほど、貧相な輸出品しか見当たりません。一番良い輸出品は、せいぜい木材くらいでしょうか。最も、清盛の時代には、平泉の金がまだあったので中国に金を輸出する手もあったでしょうが、北条時宗の時代には、もう金も大方掘り尽くしてしまっています。だから、「日本は攻めるに足らない」とする趙良弼の報告は、非常に的を射ています。

また、一部の研究者から、フビライが日本を征服したかった根拠として挙げられるのが「硫黄《いおう》」の存在です。

当時のモンゴルは火薬の製造に着手しており、黒色火薬を作るために、硫黄と木炭と硝《しょう》石《せき》が必要だった。しかし、モンゴルには硫黄がない。だから、硫黄を手に入れるために、日本を占領しようとしたのだと考えるのです。たしかに、当時のモンゴル軍は武器として硫黄を使用していましたが、他国を攻めてまで欲しがるようになるには、歴史的にまだ百年、二百年ほど時期が早いように思います。

室町時代には、日本は日明《にちみん》貿易を通じて、中国に硫黄を輸出するようになります。交易で簡単に手に入れられるなら、そのほうが早い。わざわざ占領して統治してまで火薬を手に入れるのは、コストがかかり過ぎるように思います。

だからこそ、やはりフビライは日本の特産品を目当てに占領を考えていたのではなく、メンツを潰されたことに怒って、日本を懲《こ》らしめるために出兵したのではないかと僕は考えます。

「文永《ぶんえい》の役《えき》」は、モンゴル軍による「様子見」だった？

文永の役では、中国からきたモンゴル軍が対馬《つしま》に上陸し、暴れまわった後、日本の九州地方に攻め込みます。ですが、現在では、文永の役は本格的な進軍ではなく、「威力偵察」だったのではないかというのが定説になりつつあります。「威力偵察」は自衛隊などでも使われる言葉ですが、簡単に言えば、相手の戦力を見極める目的のために派遣される、偵察部隊ということです。

この時、偵察部隊とはいえ、それなりに戦える準備をしていないと、万が一敵に遭遇した場合、全滅してしまいます。だから、部隊を派遣するときには、一定の武器を持たせ、戦闘に耐えられる規模にして送り込むのです。文永の役のときは、約三万人のモンゴルの軍勢が来たとされますが、これらはあっさりと撤退します。

文永の役の後、フビライは、新たに杜世忠《とせいちゅう》という使者を日本に送ってきます。すると、北条時宗は彼らの話を聞くどころか、使者団一行を斬首してしまいます。あまりに野蛮すぎる日本側の行動にあきれ、交渉の余地なしと判断したのか、一二八一年にフビライは、再びモンゴル軍を日本へと出兵し、「弘安《こうあん》の役《えき》」が起こります。このときは、前回の三万人よりも人数が大幅に増えて、なんと十二万人もの大軍が押し寄せてきました。ところが、うまい具合に台風が起きて、モンゴル軍は敗退していきました。このとき、台風が来なければ、モンゴル軍の侵略を受け、日本の歴史は大きく変わっていたかもしれません。

台風のおかげで、なんとか元寇を防ぐことができたとはいえ、「では、北条時宗が英雄だったのか」というと、彼は特に何もしていません。あくまで、運が良かっただけです。

学者の中には「台風はなかったのだ」という人もいますが、もしそうならば鎌倉幕府はフビライの大軍には勝てなかったのではないかと僕は思います。

モンゴル軍を排したのは、実力か？ 幸運か？

ここまで検証を進めてきましたが、「北条時宗は英雄だった」という定説は正しいのかというと、僕ははっきりと「違う」と言いたいと思います。

二度に渡って行われた元寇ですが、このモンゴル軍の襲来に対して、北条時宗は驚くほど何も対策をしていません。あれだけモンゴルに対して失礼な対応を取ったのだから、軍勢が攻めてくることは、十分に想定できたはずです。それでも手を打たなかった彼は、文永の役のあとに何をしたか。福岡の博多の海岸に防塁《ぼうるい》を築いたのです。これを復元したものを、現在でも見ることができるのですが、百五十〜二百センチほどの人間の背の高さほどに石が積まれただけのお粗末な代物で、一度見たら「これでモンゴル軍と戦おうとしていたの？」と呆れてしまうほど。自分の対応が原因で戦争に発展したにもかかわらず、相手が攻めてきたときに、ようやくあわてて対策を始める準備の遅さ。その対策にしても、少し石を積んでみただけです。これで、「自分は一生懸命日本を守る努力をしました」と言われては、国民がブチ切れてもおかしくはありません。

なお、戦争では、総指揮を執る大将は現地に行くのが通例です。日清《にっしん》戦争のとき、明治天皇は本営を広島に移したわけですが、時宗は元寇の際、現地に行くことすらしていません。はっきり言って、時宗の行動からはまったくやる気は感じられません。

あと、忘れてはいけないのは、元寇のときに日本にやってきたモンゴル軍とは誰だったのか、です。

元寇の際には、朝鮮半島の高麗《こうらい》は完全にモンゴル帝国の属国になっていました。一二八一年の弘安の役が起こる少し前に、中国の南宋《なんそう》という王朝が滅ぼされています。降伏した国や滅ぼされた国の民が、勝利国が次に行う戦いでは先頭に立たされるのが、戦争の常です。だから、弘安の役の際、十二万人の軍勢が博多沖に集結したとはいえ、その大半はモンゴル兵ではなく、高麗の兵と南宋の兵から成っていました。彼らには「モンゴルのために戦おう」というやる気は、当然ない。なるべくなら戦わず、ケガをせずに帰りたいと想うのが自然です。だからこそ、モンゴル軍は、台風の直撃を受けて、そそくさと帰ってしまったのだと思います。

時宗がきちんと挨拶の使者を派遣しておけば、フビライは満足して日本遠征などしなかったという可能性を考えると、時宗は救国の英雄であるという定説が成り立たないどころか、国を危険な目に遭わせた張本人ともいえます。北条氏は歴代名君揃いで、非常に優秀な人が次々とトップになるのですが、北条時宗の代ぐらいから、少しずつ屋台骨が傾いていったように思います。

なぜかというと、元寇時、日本全国から武士たちが駆り出されました。一応はモンゴルに勝利したものの、海を隔てて遠くにある敵国を占領することはできませんでした。大きな労力を払ったにもかかわらず、土地という恩賞を与えなかった鎌倉幕府に対して、武士たちの間に少しずつ不満が鬱積《うっせき》し、北条氏への忠誠心を失っていきます。時宗の判断は、日本を危険な目に遭わせただけでなく、北条氏政権の終焉の引き金にもなったのです。

第5章　「永仁《えいにん》の徳政令」の裏側

武士が売り払った土地をタダで取り戻せる悪法「徳政令」

「徳政令」は、現代でも時々聞くキーワードかと思います。

鎌倉幕府の後期、北条時宗の息子である北条貞時《さだとき》（一二七二〜一三一一年）によって、一二九七年に出された「永仁《えいにん》の徳政令」は、幕府が借金を棒引きにするというセンセーショナルな法令でした。その後、室町時代には、京都の周辺の農民が徳政令を求めて一揆《いっき》を起こしたこともあり、現在でも徳政令と言えば「借金棒引き令」だという認識が深まっています。

あとでできたイメージが強烈になってしまいましたが、徳政とは、本来的には、「徳を持って、政治を行う」という意味を持っています。

では、永仁の徳政令とはどんなものだったのでしょうか。

これは、借金棒引きというよりは、御家人《ごけにん》が自分の土地を御家人以外に譲り渡した場合、その土地をタダで返してもらえるという法律です。さらに細かく言うと、御家人と御家人の間で土地を巡る売買があった場合でも、売買から二十年以上経過していなければ、返してもらうことができました。

この時代は、「二十年経つとその権利は消滅してしまう」と認識されていることが多くあります。実際、鎌倉幕府が定めた「御成敗式目《ごせいばいしきもく》」などの法律を見ても「二十年」が一つの目安になっています。当時、武士社会で使われていた法律の「二十年」という目安が影響し続けているのか、現代でも、誰かが土地を不法占拠したまま二十年が経過した場合、仮に正しい所有者が権利を主張しても、その土地は取り戻すことができないという「居住権」という権利があります。そう考えると、お隣の国、韓国と領有権を巡って争っている「竹島」についても、二十年間放置してしまうと権利がなくなるかもしれないので、ぜひ前向きに対処法を考えたいものです。

繰り返しになりますが、御家人同士の売買であれば、二十年経っているかどうかがポイントになります。ですが、御家人ではない人に土地を売った場合は、二十年の縛りは適用されず、何年前に売り払ったものであろうと、御家人は無条件でその土地を取り返すことが可能です。御家人から土地を買った側にしてみれば、せっかくお金を出して土地を買ったとしても、自分が御家人でなければ全部取り返されてしまう。ただの丸損です。とんでもない悪法のように感じますが、この法律は、一二九七年に出されて以来、鎌倉幕府の終了まで、一三三三年までに至る三十七年間、ずっと有効でした。一部で「この法律は悪法だから、途中から意味がなくなった」と言う人もいますが、その認識は誤りです。出されてから三十七年間、ずっとこの法律は有効であり続けました。

史料がないゆえ、研究が進んでいない「永仁の徳政令」

この永仁の徳政令は、山川出版社の歴史の教科書でも名前こそは紹介されるものの、突っ込んだ議論にまでは踏み込んでいません。なぜかというと、一二九七年前後の出来事、つまり鎌倉幕府の後期の辺りは、一般的な水準まで研究が進んでいないからです。

まず、この時代は、幕府の歴史書である『吾妻鏡』がありません。さらに、史料編纂所《へんさんじょ》が作る『大日本史料』は研究者にとって非常に便利な資料ですが、こちらもまだ一二五二年までしかできておらず、徳政令が出た時期まで作成が追い付いていません。『大日本史料』が一二九〇年代の出来事にまで触れるには、あと四百年くらいはかかる計算になります。あまりに時間がかかるので、それができる前に史料編纂所が潰れてしまうのでは……と僕はハラハラしています。

しかし、まったく史料がないのかというと、そんなことはありません。「天才笠松《かさまつ》」と異名を取った、東京大学名誉教授で中世史の研究者である笠松宏至《ひろし》先生が、『徳政令』（一九八三年）という岩波新書の名著を書かれています。永仁の徳政令のように、普通の感覚で考えると、「売ったものをタダで取り返せる」というのは相当無茶苦茶《むちゃくちゃ》な話です。この本の中で、笠松先生は「なぜこんな法律が成り立ったのか」という点を明らかにしています。

笠松先生が、この法律を探る上で言及したのが、「売買の概念の違い」です。

当時は、一度取引の済んだ売買を解消して、品物を返却したり、お金を返したりする「商返し《あきかえし》」という習慣があったそうです。笠松先生は、この「商返し」に言及しながら、「どうしてこんな無茶な法が出来上がったのか」を、本の中で丁寧に考察されています。こうした法律が作られる素地に加えて、この法律が担ってきた意義を、精神的、物理的な両面から詳述されています。その論理展開は、非常に見事で芸術的です。他人には継承されない独自性を持つという意味で、「一回性」という言葉がありますが、笠松先生はまさに一回性のある解釈をされていると言えるでしょう。

一方で、笠松先生のすばらしさは理解しつつも、僕の主張はその解釈に逆らうものです。それは、笠松先生の理論よりも非常に単純で、「永仁の徳政令という法律は、その中身通りに、非常にとんでもない法律である」とするものです。笠松先生は「なぜこんな無茶苦茶な法律が成立しうるのか」と考えたわけですが、僕は「これは、やっぱりおかしな法律であった。当時の幕府は愚かで、こんな風にとんでもない法律を作ることがあっただ」という事実を、ひねりなく受け入れるべきではないかと考えています。

何をおいても武士を保護したかった鎌倉幕府の真意

なぜ、僕が永仁の徳政令をこう解釈したのか。それは、当時の幕府にとって、何より大切なことは御家人の保護だったからです。現代の感覚で考えると、「幕府のような大きな権力は、全体のことを考えて運営されているはずだ。幕府の中枢にいる北条氏や有力武士たちは、現代の政治家と同じようなものだ」という思い込みがあります。でもこれが、永仁の徳政令を理解する上での妨げになっていると僕は思います。

たとえば、江戸幕府の第八代将軍の徳川吉宗《よしむね》は、「米公方《くぼう》」「米将軍」と呼ばれていました。吉宗が米将軍と呼ばれていたのは、彼がいつもお米の出来を気にしていたからです。米が不作ならば農民が飢える。逆に、豊作がすぎると米の値段が下がって、物価に深刻な影響が出る。米が出来ないのも困るし、出来過ぎるのも困る。こんな風に吉宗は常に米の出来高を心配していたため、米将軍と呼ばれるようになりました。

余談ですが、少し前までは、「徳川吉宗は○○将軍と呼ばれていましたが、この○○はなんでしょうか？」という質問をすると、「暴れん坊将軍！」と答える大学生が多くいました。しかし、最近の学生に同じ質問をぶつけてみると、彼や彼女たちは暴れん坊将軍を知らないし、暴れん坊将軍を長年演じてきていた松平健さんやマツケンサンバも知りません。そこで、残念ながら、もうこの質問はしないことにしました。

さて、話を戻します。徳川吉宗がお米の出来高を気にしていたのは、間違いなく政治家としての一面だと言えるでしょう。ところが、一方で、彼は武士のトップでもあります。武士が政権を作るとき、政治のことを最優先にするのでしょうか、それとも軍事でしょうか。

武士の強みは、やはり軍事です。相手を倒し、首をとってきてなんぼの世界で生きていた人々です。中世のはじめ、そんな人々が同じような利害関係のもとに集まり、「俺たちの意見を朝廷に伝えてもらおう！」と自分たちの利益を代弁してもらうために生まれたのが、「将軍」という存在です。自分たちの意見を貫くために立ち上がった武士たちが、日本全体の政治にも責任を持とうと考えるというのは、実はフェイズが異なることなのです。軍人かつ政治家だった徳川吉宗らのイメージに馴れてしまったため、僕らはつい「政権を取ったなら、社会全体のことを考えた政治を目指すはずだ」と考えてしまいますが、それは思い込みに過ぎない。武士のための武士による政権なのだから、武士の利益を最優先した政治を行うのが自然です。

むしろ、幕府が武士のことしか考えない法令を作ったとしても、ちっともおかしな話ではないように思います。

とんでもない悪法から読み解く、鎌倉幕府の在り方

そもそも幕府の財産とはなんでしょうか？　それは、御家人が、持っている土地です。一人ひとりの御家人が持っている土地を集積したものが、幕府の財産となります。

御家人が土地を売れば売るほど、幕府の財産が目減りすることになります。それを防ぐために、軍事力をちらつかせながら、「俺たちの言うことが聞けないのか」と暗に伝える法令を作り、土地を奪い返す。言ってしまえば、ほとんど反社会的なことを幕府は行って

いたのです。

永仁の徳政令は、非常にとんでもない法律です。しかし、こうした法律を作ることができる組織が幕府だと言うこともできるでしょう。逆に考えれば、御家人以外の人々からは「とんでもないやつらだ」と思われてもしかたがありません。こうした傍若無人《ぼうじゃくぶじん》な振る舞いによって、人々の不満が積もり積もって、鎌倉幕府は滅びていくのではないかとも考えられる。元々が無茶苦茶な組織だからこそ、無茶苦茶な法令を作ったのだ、とシンプルに考えるほうが、理に叶っているように僕は思います。

ですが、この永仁の徳政令については、その異常さをなんとかして理論づけようと、やや無理のある解釈をすることがしばしば見られます。難しく考えることも時には大切ですが、最優先すべきなのは徳政令の本質は何かを見極めることです。

そもそも、徳政令の影響を受けるのは武士たちですが、この人たちはたいして教養もなく、文字を書けない人も大勢いました。そんな人々に難しい理論を持ち出して説明しても、きっと理解してはもらえなかったでしょう。現代の感覚は一度取り払い、当時の時代背景を加味したうえで、シンプルに、わかりやすく考えること。それが、時として、歴史を読み解くうえで重要だと僕は思います。

第6章　鎌倉幕府を倒したのは、後醍醐《ごだいご》天皇か

北条時宗の時代に、幕府は「二つの派閥」に分かれた

鎌倉幕府を倒した人物は誰か。現在の定説では、それは後醍醐天皇だと考えられています。また、後醍醐天皇が行った建武政権はすばらしいものだったけれども、無教養な武士には理解できなかった。ゆえに、建武政権は挫折したというのも、日本史の定説ではないでしょうか。

でも、果たして本当にそうなのか？　本章では、鎌倉幕府の滅亡と後醍醐天皇の定説に疑義を呈《てい》すのですが、まずは倒幕に至るまでの時代背景について、簡単にご説明していきたいと思います。

後醍醐天皇が鎌倉幕府の倒幕を企てた際、実権を握っていたのはもちろん北条氏でした。歴代の北条氏のトップは非常に優秀な人が多かったのですが、八代執権の北条時宗あたりから、雲行きが怪しくなっていきます。時宗が無能だったとまでは言いませんが、北条氏を傾かせる上で、彼がひとつのトリガーになったことは間違いないと思います。

時宗が北条氏の屋台骨を揺るがした理由のひとつは、彼の存命中、幕府が二つのグループに分裂したことにはじまります。一つのグループは、時宗の妻の兄であり、養父である

安達泰盛《やすもり》（一二三一～一二八五年）が率いていました。もう一つのグループのリーダーは、北条氏のナンバー1の家来である平頼綱《たいらのよりつな》（一二四一～一二九三年）という人物でした。北条氏は幕府の将軍の第一の家来ですが、その北条氏にとって一番の家来で、幕府の御家人でもあるという複雑な立ち位置にいたのが平頼綱だったのです。

どうして幕府が、安達泰盛と平頼綱の二つの派閥に分かれたのかというと、両者の間にある思想の違いが原因です。

まず、安達泰盛の派閥の人々は、「御家人の利益だけではなく、日本全体の利益を考えることが大切だ。幕府は日本全体を政治的に治めるべきだ」と考えていました。現代の我々の感覚からすれば、非常に理解できる主張です。対する平頼綱は、「御家人こそがすべてだ」と主張していました。現代の私たちから見ると、「御家人のことばかり考えている平頼綱のほうが、どう考えてもおかしいじゃないか」と思ってしまうかもしれません。

でも、そもそも幕府とはどんな存在なのかと言ったら、前章でもふれましたが、「御家人からなる御家人による御家人のための組織」です。鎌倉幕府は、関東の荒くれ者の武士たちが、「俺たちの権利を認めてくれ」という強い意志のもと、源頼朝を支持し、御家人となったことが発端です。元来「この国を良くするため、良い政治をやろう」という意志のもとに集った人々ではなく、「自分たちの利益を守りたい」との理由で集まっているので、鎌倉幕府の御家人たちの立場を誠実に継承しているという意味では、平頼綱の考え方が正統派なのです。

平頼綱たちは、「御家人の利益のために幕府がある。だから、御家人の利益を優先するべきだ」と主張します。対する安達泰盛は「そうは言うけど、幕府が最初にできてから、相当時代も移り変わった。その間に、俺たちはたくさんことを学んできた。ここで、自分たちの利益だけを追求してはいけない。俺たちは、承久の乱を経て、朝廷を乗り超えたのだから、日本全体を治めるべき立場にあるのだ。だから、日本全体のことを考えよう」と主張した、と、僕は理解しています。

「霜月《しもつき》騒動」勃発の裏側

両者の態度の違いは、元寇の後の恩賞問題などでも大きく分かれます。

当時、京都の周辺には、寺社や貴族の荘園に属しており、将軍と主従関係を結んでいない、御家人になれない武士が大勢いました。しかし、元寇でモンゴル軍が襲来したときは、

「これは国難だから、御家人かどうかという縛りはなくして、みんなで戦おう」という幕府の呼びかけに従い、全国にいる御家人以外の武士たちも、戦のために動員されました。なんとかモンゴル軍を追い返すことができましたが、彼らからは、「戦えと命令されて、俺たちはきちんと戦った。だったら、ちゃんと褒美《ほうび》を用意してほしい」との声が上がっていました。実際のところ、元寇によるご褒美は、御家人たちも満足するほどはもらえず、こちらでも不満が高まっていた。しかし、せっかく命をかけて戦ったのに、何ももらえなかった御家人以外の武士たちのほうが「なんだよ、戦い損か！」という想いが強かったわけです。

安達泰盛は「将軍家と主従関係を結んでいない武士も御家人と認めましょう。幕府の下に彼らをおいて、彼らにもちゃんと褒美をやりましょう」と主張していたのです。これに対して平頼綱たちは、「元々御家人じゃないんだから、あいつらにやる褒美はないよ」と突き放した態度を取っていました。

こうした二つの派閥に対して、時宗はどういう対応を取っていたのでしょうか。時宗にしてみれば、安達泰盛は義理の父であり、兄でもあります。一方の平頼綱は、自分の家来ナンバー１。言うなれば、両方とも非常に大事な存在です。

時宗が生きている間は、この両者の諍《いさか》いを何とかおさめ、直接対決するようなことがないように仲裁していました。しかし、一二八四年に時宗が死んだ途端に、両者は激しくぶつかり合います。それが、一二八五年に起こった「霜月《しもつき》騒動」です。

騒動の詳細については別の機会に譲るとして、この争いの結果はどうなったのか。「御家人の利益が大切だ！」と主張していた平頼綱のほうが、御家人の味方を大勢引き入れることができ、安達泰盛たちが率いる総勢五百人の有力御家人を討滅しました。この霜月騒動は、鎌倉の時代を通して、最大の内乱となりました。

泰盛たちの滅亡によって、幕府では「日本全体を考えて政治を行おう」とするグループは滅亡し、残った御家人同士の結束は高まり、「今の幕府は俺たちの利益を守ってくれるはずだ。だったら、御家人以外の者のことは二の次だ」と考えるようになりました。その結果、幕府は御家人の利益しか考えない体制へと、より一層舵《かじ》を切ります。そして、一二九七年、時宗の息子で、第九代執権である北条貞時によって出されたのが、無茶苦茶な法令「永仁の徳政令」だったわけです。

その結果、社会全般における幕府の評判は悪くなっていきました。

鎌倉幕府への不満の末に生まれた、「悪党」の存在

特に不満を感じていたのが、先にも言及した鎌倉幕府の御家人以外の武士たちです。結局、幕府に対して反抗的な行動を取るようになり、当時は、そんな武士たちのことを、「悪党」と呼ぶようになります。

ですが、現代で使われている意味とは違い、「悪党」だからといって、悪いことをする集団ではありません。幕府に対して盾突く存在だからこそ、幕府からすれば悪い奴らということです。半面、悪党からしてみれば、理不尽な幕府に反抗するだけの明確な理屈がありました。

「悪党」たちは、荘園で活躍していた武士たちなので、畿《き》内のほうがその影響力も強い。また、そこでは貨幣経済が発達しているため、商人とのつながりも深かった。御家人たちは、関東の広大な平野で一生懸命農作業に従事していますが、悪党たちは、農耕のみならず商売も発展させ、力を持ちました。その代表格が楠木正成《くすのきまさしげ》です。もっとも、彼の家は、もとは駿河《するが》出身の御家人だったようですが。

そんな「悪党」たちに目を付けたのが、後醍醐天皇でした。後醍醐天皇は京都で生活し

ているので、畿内で幕府に反抗する彼らの動きを見ていると、「こんなに不満を持つ人間が多いのならば、幕府を倒すことは可能なのでは？」と考えました。

後醍醐天皇は二回に渡って「幕府を倒そう」という活動を起こすわけですが、一生懸命声を上げたものの、御家人を大切に、と訴えていた鎌倉幕府の屋台骨は全く揺るぎませんでした。その後、倒幕を企てたとして、後醍醐天皇は隠岐島に流されます。承久の乱を起こした後鳥羽上皇は隠岐に流された段階で、「負けた」と人生を諦めたわけですが、後醍醐天皇はまったく挫《くじ》けず、鎌倉幕府を倒そうという強い意志を持ち続けました。

父のために尽力した「建武政権」の功労者・護良《もりよし》親王

隠岐は海に隔てられているため、簡単には島外の人間とは交流できません。だから、後醍醐天皇は、島では幕府を倒す活動を進めることはできませんでした。

では、後醍醐天皇が不在のとき、誰が鎌倉幕府を倒すための活動を行っていたのかというと、その皇子《おうじ》である大塔宮護良親王です。大塔宮護良親王は、昔は「だいとうのみやもりながしんのう」と発音していましたが、今は「おうとうのみやもりよししんのう」と呼ばれることが多いです。

大塔宮護良親王は、小さい頃に、後醍醐天皇から「お前は天台宗の総本山である比叡山に行って、僧兵をがっちりと味方にして来い」と命令され、比叡山でお坊さんとして生活していました。そのころは、尊雲法親王《そんうんほっしんのう》という名前の僧侶だったのですが、父である後醍醐天皇が討幕に動き出したときに、自ら還俗《げんぞく》し、護良親王と名前を変えて、討幕活動を開始しました。

しかし、仮に皇子とはいえ、幕府に捕縛されたら殺されかねません。だから、ゲリラ戦で幕府に対抗するしか、護良親王には手はありませんでした。おそらくはキューバ革命を起こしたカストロやゲバラのように、命をかけて幕府に対抗していたのでしょう。

楠木正成や播磨《はりま》（兵庫県）の赤松円心など、有力な軍事力を持つ武将たちも、護良親王の指令を受けて動いていたようです。特に、赤松円心については、自分の主人は護良親王だと強く意識していたと考えられます。後日談ではありますが、護良親王が建武政権で失脚した際、「建武政権は駄目だ。これまで私はいろいろと尽力してきましたが、これからは足利尊氏《あしかがたかうじ》殿と行動を共にします」と後醍醐天皇を見限って、現在の兵庫県、岡山県のあたりで強大な力を奮《ふる》うことになります。

このように、後醍醐天皇が不在の時は護良親王が頑張っていましたが、鎌倉幕府を倒すまでの大きなうねりにはなりませんでした。しかし、幕府に対してボディブローを与えるためには、相当効果があったはずなので、討幕に尽力したという意味では、護良親王は大功労者だと言えるでしょう。

鎌倉幕府を滅亡させたのは、本当に新田義貞《にったよしさだ》か？

本州で息子が頑張ってくれているとはいえ、隠岐にいる間は、後醍醐天皇は何もできません。業《ごう》を煮やした後醍醐天皇は、伯耆《ほうき》（鳥取県）の武士・名和長年《なわながとし》（？～一三三六年）の力を借りて、ついにイカ釣り船に乗って隠岐島を脱出、本州まで帰ってきます。きっとイカまみれでヌルヌルになりながらも、なんとしても本州に帰ろうとする執念には、感心せざるを得ません。

帰ってきた後醍醐天皇は、鳥取の伯耆大山《ほうきだいせん》にある大山寺というお寺を目指します。一方で、お寺側が「匿《かくま》えば、こちらがやられてしまいます」と難色を示したことで、天皇は伯耆大山の隣にある船上山《せんじょうさん》に立てこもり、「幕府を倒せ」と命令を下し続けました。隠岐を出たことで、後醍醐天皇は前よりも自由に活動できるようになったわけですが、この段階でも鎌倉幕府は依然として倒れませんでした。

鎌倉幕府を倒す上で、大きな役割を担ったのは誰だったのか。それは、足利高氏です。船上山にいた後醍醐天皇の再三の呼びかけに応じて、ついに高氏は「幕府を倒そう」と決意します。最も当時は「鎌倉幕府」という言葉はないので、おそらくは「北条氏を倒す」という想いを持ち、立ち上がります。すると、ほかの武士たちも、彼に呼応して「俺もついていく」と従い始めます。関東で、畿内で。多くの武士たちが動いた結果、そのわずか一カ月後に鎌倉幕府は潰れてしまいました。

本質的な意味で鎌倉幕府を倒す一連の戦いの中心にいたのは、足利高氏だったのです。

しかし、時として「後醍醐天皇の命令を受けた新田義貞《にったよしさだ》（一三〇一〜一三三八年）こそが、鎌倉幕府を滅亡させた人物だ」と思われることもあるのですが、それは、このときに実際に鎌倉に攻め込み、幕府最後の得宗《とくそう》（北条本家の主）であった北条高時《たかとき》たちを葬り去ったのが、義貞だったからです。彼は戦いの現地責任者ではありましたが、その背後で武士たちに命令を下していたのはあくまで高氏です。

その証拠に、北条氏が滅びた後、戦いに参加した武士たちが自分の恩賞をもらうために、

「私はこの戦いでこれだけ頑張りました」という証明書をもらおうとします。そのとき、彼らは何処《どこ》へ行ったかというと、新田義貞の所ではありません。武士たちが足を運んだのは、高氏の息子であり、のちに二代将軍の足利義詮《よしあきら》（一三三〇～一三六七年）となる千寿《せんじゅ》王のもとです。彼はまだ子どもでしたが、その面前に武士たちはずらりと並び、「私は何月何日の戦いでこれだけ頑張りました」という証明書をもらいました。

これは、鎌倉幕府を倒す戦いにおいて、本当の司令官が足利高氏だったことの証明になるのではないでしょうか。仮に、歴史教科書に鎌倉幕府の倒幕について触れるのなら、「足利高氏の指令を受けて、新田義貞は鎌倉に攻め込みました」とはっきり書いたほうが良いだろうと僕は思っています。

現在の定説は、「後醍醐天皇の命令を受けた新田義貞が、鎌倉幕府に攻め込み、倒幕を果たした」という認識が強いです。しかし、それでは鎌倉攻めの実態が、ぼかされてしまうように思います。

「皇国史観」によって祀《まつ》り上げられた後醍醐天皇と「建武《けんむ》の新政」

足利高氏の動きによって、鎌倉幕府は倒れた。にもかかわらず、滅亡時期については、高氏よりも後醍醐天皇の存在をより高く評価する研究者が多いのは、どうしてなのでしょうか。

それには、戦前の皇国史観が大きく関わっています。これは富国強兵を掲げ、自国を欧米諸国に並び立つ大国とするため、明治政府が広めた「日本は天皇を頂点に据えた神の国である」とした歴史観です。皇国史観の中でも建武政権は、天皇による統治が復活した出来事として、戦前はものすごく光り輝く存在でした。ゆえに、後醍醐天皇は歴代天皇の中でも一段上の神様のように崇《あが》められ、歴史的に低く評価することは許されませんでした。

戦後になっても、後醍醐天皇の威光は変わらず、昭和の一時期を代表する知識人である小林秀雄《こばやしひでお》も「日本の歴史には栄光が三つある。一つが大化の改新だ。もう一つが建武の中興。そして、三つ目が明治維新だ」というようなことを言っています。この主張は、天皇中心である戦前の主張にぴったりと合致します。

皇国史観に基づいた日本史では、大化の改新によって蘇我《そが》氏が滅ぼされ、天皇による政治が始まり、そこで日本という国がスタートを切る。その後、武士の登場によって、徐々に天皇や貴族の力は削がれていき、勢力は右肩下がりになっていきます。

そこに後醍醐天皇というヒーローが現れて、武士たちが作った鎌倉幕府を倒して建武政権を作る。結果、憎き武士は倒れます。ところが、建武の新政は素晴らしいものだったにもかかわらず、教養ない武士たちにはその有難みがわからなかった。だから、足利尊氏を中心とする武士たちが、後醍醐天皇に反旗を翻し、建武の中興をダメにしてしまった。その結果、武士の力が盛り返し、江戸時代になると、再び武士たちが日本を治めるようになる。そんな状態から日本という国を救ったのが明治維新であり、ようやく日本は天皇中心の国に戻ったのだ。

皇国史観に基づいた歴史観とは、天皇の権威がV字回復していく様子を描いた物語のようなものです。戦前はこうした歴史観が一般的だったため、足利尊氏は、天皇の政治をダメにした一番の悪者だと考えられていました。

「建武政権は、伝統を打破したすばらしい政権だった」という考え方

戦前の認識が引き継がれているのか、今でも、後醍醐天皇の人気は高いです。しかし、戦後、皇国史観という天皇を中心に据える歴史の見方が完全に否定された以上、「足利尊氏が悪者だった。建武の新政はすばらしいものだった」と考えるのは、どうも間違っているように思います。

でも、子どものときに受けた教育によって生まれた「好き嫌い」は、そう簡単に変えられるものではありません。僕の先生の先生にあたる東京大学教授の佐藤進一先生や、かの有名な網野善彦《あみのよしひこ》先生といった昭和の一時代を担った日本史研究のスーパーヒーローたちは、建武政権が好きな方が非常に多いです。好きだという感情は、なかなか客観的な理性ではなんともしようがないものがあるのでしょう。

たとえば、佐藤先生は、「建武政権はすごく立派な仕事をした」という学説を唱えていらっしゃいます。先生が何を評価されているのかというと、「後醍醐天皇は、譜代《ふだい》、つまり伝統を否定しようとした」という点です。

従来の朝廷は、とにかく伝統が一番大切にされ、多くの官職は、父親の立場を息子が受

け継ぐ「世襲制」が当たり前に受け入れられていました。太政大臣《だじょう》の子どもは太政大臣になり、大納言《だいなごん》の子どもは大納言になる。後醍醐天皇は、この世襲制を否定しようとしたのだと説くのです。建武新政の新政府が滅びた結果、再び貴族の社会では「世襲が当たり前」の状態に戻ってしまったものの、後醍醐天皇は理念的に世襲を否定しようとした。その点を非常に高く評価できると佐藤先生は指摘されたわけです。

でも、やはり僕は「後醍醐天皇はすばらしい人物だった。建武新政も伝統を打ち破る優れたものだった」という定説に対して、異議を唱えたいと思います。

たった三年しか続かなかった「建武の新政」

その根拠のひとつが、期間です。建武政権はたったの三年間しか続いていません。これは小泉純一郎政権よりも安倍晋三政権よりも短い。後醍醐天皇が仮に革新的な理念を打ち出したとしても、それは浮世離れをした中途半端なもので、実際には機能しないものだったた。だから、まったく人々の心を打たず、長続きしなかったのだと考えられます。そんな政治を高く評価するのは、僕は間違いだと思っています。

また、「建武の新政は後醍醐天皇の主導の元で行われた。そこで行われた決定は、すべては後醍醐天皇によるものだった」という考え自体も、疑うことができます。

朝廷が認めた判断や、幕府が認めた判断、あるいは有力なお寺が認めた判断、貴族が認めた判断というものは、だいたい文書に記されます。ですが、各所から文書が出された結果、誰がその文書を出したのかが、よくわからない状態になっていることも多くあります。たとえば、土地の権利にしても、朝廷の言うことと幕府が言うこと、お寺の言うことが食い違っていて、誰の意見が一番強いのかがわからず、その権利の所在が分からないケースもあります。

この状況を打開するため、「一番大切な決定は、天皇の命令書である綸旨《りんじ》だ」と後醍醐天皇は主張しました。「綸旨がすべてだ」と言われれば、みんなが朝廷にやって来て、天皇の綸旨を得ようとします。いかに後醍醐天皇が人間離れした行動力を持っていようとも、すべてを自分一人で管理し、確認することは難しい。企業などを見てもわかると思いますが、トップがすべての業務を自分でやろうとするのは、物理的に不可能です。それと同様に、後醍醐天皇がすべてを決定することなどできるはずもない。考え方自体が浮世離れしています。

誰が一番偉いのかを知らしめるために、「決断」は重要な要素です。でも、大切なことから軽微なことまで、全部自分で決断しようとするのはどうなのか。全部に目を通し、手を動かそうとした後醍醐天皇の思いは、もちろん立派で、評価するべき点かもしれません。でも、実行力が伴わないなら意味がない。建武新政が中途半端に終わってしまったのも、そのせいでしょう。

後醍醐天皇は、武士や庶民の登用をよしとしなかった

先に触れたように、後醍醐天皇は、建武新政のなかで譜代の否定、すなわち伝統を否定しようと試みました。でも、本当の意味で後醍醐天皇が朝廷の外からも人材を登用したのかと言えば、決してそんなことはありませんでした。

たとえば、農村や村落の代表者である武士が、建武新政に参加していたのであれば、伝統を打ち壊した画期的な政権であると言えたかもしれません。でも、貴族以外の人々が政権に参加することはありませんでした。

これは、後醍醐天皇が「武士には絶対に政治に関わらせない」ことを信条とし、武士の

政治参加を頑《かたく》なに拒否したからです。鎌倉幕府を倒す総指揮を執った足利尊氏であっても、参加は許されませんでした。

建武新政に関わった数少ない武士といえば、楠木正成と名和長年ぐらいです。楠木正成は後醍醐天皇が発掘し、目をかけてチャンスを与えたほぼ唯一の武士ともいえる存在です。だから、後醍醐天皇からの信任は厚かった。名和長年は、後醍醐天皇の隠岐からの脱出を手伝い、脱出後に迎え入れた武士です。言ってしまえば〝たまたま〟そこにいた武士であって、政治に参加する必然性はあまり無かったものの、建武の中興では重用されました。つまり、後醍醐天皇がもともと、または、たまたまかわいがっていた武士しか、建武政府には迎え入れていないのです。

足利尊氏のように大手柄を立てた武士をはじめ、当時の時代の流れの要《かなめ》を握っていた武士を登用していないのであれば、仮に後醍醐天皇が「伝統をぶっ壊せ」と主張していたとしても、それは絵に描いた餅に過ぎません。時代の流れを支えており、一番力を蓄えていたはずの存在である武士を無視し、その助力も拒否したという意味で、建武政権は「新しい」というよりは、「現実をとらえていない政権であった」と言えます。

本当に新しさを取り入れたかったのなら、全国一斉試験をやって良い成績を取った人間を官僚にした中国の科挙《かきょ》に倣《なら》って、一般庶民の中から才能のある人間を登用するぐらいの発想を持つべきだったのではないでしょうか。しかし、朝廷に仕える貴族と一般社会に生きる民の壁は非常に厚く、後醍醐天皇は庶民から優秀な人材を登用しようという発想を持つことができませんでした。

だからこそ、後醍醐天皇の政治である建武新政が始まった後、三年を待たずして、政権は崩壊してしまいました。その後、足利尊氏が後醍醐天皇に離反して室町幕府を作り上げたこと。それが、後醍醐天皇が鎌倉幕府を倒した張本人ではなかったし、建武政権はすぐれた政権ではなかったとする最大の証明になるのではないでしょうか。

第7章　足利義満《あしかがよしみつ》は天皇になろうとしたのか

「天皇の地位を狙う」という意味の本質

室町幕府の三代将軍の足利義満《あしかがよしみつ》（一三五八～一四〇八年）は、時の為政者として絶大な権力を振るった人物です。「あまりに強大な力を持っていたため、足利義満は将軍という立場に甘んじず、実は天皇になろうと考えていたのではないか」という説を打ち出し、大ヒットしたのが、帝京大学文学部特任教授であり、歴史学者の今谷明《いまたにあきら》さんです。今谷先生はご健在で、女性天皇の議論に関わる諮問《しもん》にも応じていたため、お名前を知っている方も多いのではないでしょうか。

足利義満は、着々と自分が天皇になるための布石を打っていながらも、それを実現する前に残念ながら死んでしまった。もし義満がもう少し長生きしていたならば、彼は天皇になったのではないか、と今谷先生は考えておられるのです。

しかし、僕自身は、この「足利義満が天皇になろうとしていたのか」という定説に対して、異を唱えたいと思います。そこで、疑義を投げかける前に、まず、足利義満はどんな立場で皇位を狙おうと考えていたのかを検証すべきだと思います。義満が仮に天皇になろうとした場合、二つの方法が考えられます。

一つは「皇位の簒奪《さんだつ》」です。天皇の位《くらい》を簒奪するとは、すなわち足利家が天皇家を乗っ取ることを意味します。その場合、皇位が足利氏に担われるだけで、天皇の存在自体は続いていくわけです。

これは、中国の皇帝と同じようなものです。中国では、争いに勝利したものが皇帝になるため、皇帝の姓は王朝ごとに変わっていきます。たとえば、『三国志』で有名な曹操《そうそう》の息子・曹丕《そうひ》は後漢最後の皇帝・劉協《りゅうきょう》を廃して魏《ぎ》の国の初代皇帝になりましたが、その後、魏は司馬《しば》氏の晋《しん》に滅ぼされます。劉→曹→司馬、と苗字は変われど、「皇帝」という存在はずっと存続していきます。これが「皇位の簒奪」です。

もうひとつ別の選択肢は、天皇の存在を完全になくすというもの。天皇という地位自体を失わしめ、代わって義満が天皇と同じような機能を新たに手中に収めるという選択です。

仮に足利義満が天皇の座を狙っていたのなら、果たしてどちらの選択肢を想定していたのか。まずは、それをはっきりさせるべきだと考えます。そうすると、「天皇になるという意志を義満が持っていた」とする今谷先生の説に従うのであれば、「天皇の存在をなくす」ということはあり得ない。義満は「簒奪」という手段を択ばざるを得ないはずです。

生前から「上皇《じょうこう》待遇」だった足利義満

では、仮に足利義満が天皇の地位を簒奪しようと考えていた場合、どんな手段が考えられるのでしょうか。

史実を見てみると、当時の義満は、上皇《じょうこう》のようにふるまっていました。上皇とは、かつての天皇が皇位を息子などに譲った後の存在であり、かたちとしては令和の上皇陛下と同じ立場です。義満が上皇と同様な格式で行動していたのであれば、もう少し進んで天皇になってもおかしくなかったのではないかと、今谷先生は説明されています。また、義満が亡くなった後、朝廷は彼に「太上天皇《だいじょう》」、すなわち上皇の名前を贈ろうとする提案もしています

ここで出てくるのが、「天皇になってないのに太上天皇になれるの?」という疑問ですが、天皇になっていない人が上皇になったケースは、あくまで皇族限定の話ではあるものの、過去にも存在しています。

たとえば、承久の乱の後、「誰を天皇にするか」という話が持ち上がったとき、幕府側は、乱を起こした張本人である後鳥羽上皇に直接系譜がつながる人を即位させたくありま

せんでした。そこで即位したのが、後鳥羽上皇の甥《おい》っ子である後堀河《ごほりかわ》天皇です。一応、後鳥羽上皇の兄の子どもだから血筋が異なり、直系の血筋ではない。そこで、幕府は後堀河天皇に白羽の矢を立てました。

その際、後堀河天皇の父、つまり後鳥羽上皇の兄には、後高倉《ごたかくら》上皇という名前が贈られました。この方自身は、天皇になったことはありません。でも、現職の天皇の父なので上皇と呼ばれたのです。後高倉上皇はほどなく亡くなってしまったのですが、上皇として朝廷の実権を握り、よい政治をした人物でもあります。

話を戻すと、後高倉上皇のように、自分は天皇になっていないけれども、太上天皇の名前を贈られた人物は過去にも存在したわけです。足利義満も天皇にはならなかったものの、生きていた時から上皇待遇でした。だから、彼が亡くなった後、朝廷側からは、「その権力にふさわしいように、死後に上皇の名前を贈りましょう」という提案がなされたのです。

しかし、結局、死後の義満は上皇の名前を持ちませんでした。その理由は、彼の息子である四代将軍・足利義持《よしもち》（一三八六〜一四二八年）が、朝廷の申し出を断り、上皇の名を受け取らなかったからです。なぜ、義持が上皇という名誉ある名前を受け取らなかったのかというと、義満と義持は、親子でありながら不和だったせいかもしれません。義満の死後、義持は、日明貿易をはじめ、父がやってきた政治や人事を全部否定するようになります。

この事を踏まえると、足利義満は、名前こそ上皇ではなかったものの、上皇のような行動をしていた。しかもそれが朝廷からも認められていた。間違いありません。上皇のように行動していたのであれば、もしも義満があと五年くらい生きていたら、天皇に即位した可能性は充分にあったのではないか。そう考える人がいても決しておかしくはありません。よって、この説は、一時期多くの人によって支持されていました。

でも、この「上皇の権力を手に入れたのだから、自分が天皇になろうとした」という考え方こそが落とし穴であり、定説として疑うべきポイントではないかと僕は思っています。

「上皇」と「天皇」は、どちらが偉いのか？

足利義満は上皇の権力を手に入れていた。だから、次は天皇になろうとしていた。この発想の根底には、「上皇は天皇よりも格下である」という考え方があります。だからこそ、上皇の座を手に入れた義満が、次はさらに上の存在である天皇の座を目指した……という、いわば段階説が出てくるのでしょう。

先にも触れたように、現代の感覚では、地位につけば、それに紐づいた権力が得られるのだと考えがちです。でも、ここが大切なポイントですが、当時の人たちの感覚は、そうではありません。世襲や伝統がものをいう社会では、地位はあくまで後付けであり、それよりも「誰の孫であるか」「誰の息子であるか」のほうが、大きな意味を持っていました。

たとえば、足利義満自身を見るならば、息子の義持に将軍職を譲った後も、実権を手放すことはしませんでした。のちの言葉でいう「天下人」であった義満は、死ぬまで最高権力者であり続けたわけです。そして、義満が亡くなった後、ようやく権力を振るい始めたのが四代将軍の義持です。彼は父と同じことをやろうとして、息子である義量《よしかず》に将軍職を譲りますが、権力を手放しはしませんでした。

後世を見ても、こうした例はたくさんあります。豊臣秀吉は関白という地位を、甥の秀次《ひでつぐ》に譲りました。でも、そのときに秀吉は天下人もやめたのかというと、そんなことはありません。彼は天下人のまま。自分が持っていた権力は秀次には渡しませんでした。秀吉は、周囲の人々から「前の関白《さきのかんぱく》」として太閤殿下と呼ばれ、相変わらず権力を振るい続けたのです。

徳川家康にしても、息子の秀忠《ひでただ》に早々に将軍職を譲っています。でも、そのあとの天下人は誰かと言われれば、将軍の秀忠ではなく家康です。将軍ではなくなったものの、父である家康は、息子の秀忠よりも偉いと認識されていました。そして、将軍の地位を降りた後の家康は、大御所様と呼ばれていたわけです。

天皇と上皇の関係も、実は同じです。仮に権力を握った天皇が、皇位を降りた後に上皇になったとしても、権力を手放すわけではありません。もっと平たく言えば、上皇と天皇のどちらが偉いのかといえば、権力を握っている上皇のほうが偉いのです。

現在の上皇陛下のようにあまり表に出られないのは、皇室の歴史でみれば、イレギュラーです。もっとも、明治維新以降は天皇の立ち位置は大きく変わっているので、明治よりも以前の皇室の話は現在の皇室にはほとんど当てはまらないため、江戸時代以前の天皇制の在り方と、現在の天皇制の在り方を比較するのは、あまり生産的ではありません。

しかし、先の感覚が、なかなか現代の日本人には理解しがたい。

以前、「日本の歴史は、天皇が君臨していて、天皇を中心にすべてが決まるんだよね。だったら、その地位を天皇が定めている上皇より天皇のほうが偉いに決まっているんじゃないの？」と、日本史が専門ではないものの、優秀な学者の方から質問されたことがあります。

でも、そうではないのです。ここが日本の歴史の一つの特徴なのですが、仮に皇位を息子に譲ったからといって、上皇は権力を手放しません。それを理解してもらうため、「日本の歴史では、権力は地位についているのではなく、あくまで人についているのです」と説明したのですが、その人は半信半疑な表情を崩しませんでした。

日本の歴史では、権力は地位ではなくて、人につく。こうした当時の常識と照らし合わせて考えてみれば、本当に足利義満が天皇になろうとしたのかどうかは、かなり怪しくなってくる、と僕は考えます。

大切なのは、現代の視点ではなく、「当時の視点」を持つこと

もちろん、皇位は重いものです。仮に足利義満が天皇になった場合、多くの人々が衝撃を受けたでしょうし、何らかのリアクションがあったかもしれません。

でも、上皇は天皇より上。義満が上皇としての格をすでに手に入れていたなら、今さら天皇の座にこだわる必要がなかったはず。現代の常識からは理解しがたいかもしれませんが、「権力は地位ではなく人につく」という当時の権力構造を考えると、そうなります。

また、日明貿易を行う上で、義満は明の皇帝から日本国王として遇されていました。すでに「王」という称号を手に入れていたのですから、ますます天皇になる必然性はありません。

さらに言えば、天皇家には万世一系《ばんせいいっけい》という大きな特徴があります。仮に、天皇家に生まれたわけではない足利家が天皇になるということは、今まで代々伝わってきた皇室の血筋を否定し、天皇の存在を否定することと同義です。義満が天皇になった時点で、それは天皇とは違う存在になります。そこには、すでに大きな矛盾が存在している、ということもわかります。

こうしたさまざまな理由で、現在は、「足利義満は天皇になろうとしたのではないか」という今谷説は、研究者の中では支持を得られない状況になりつつあります。学問は多数決ではありません。真に優れた考え方や優れた解釈が尊重されるべきなので、多数決の力でもってその考え方を押しつぶすことは絶対やってはいけません。

とはいえ、足利義満に関していえば、彼は上皇の格式を得た段階で、すでに天皇の地位を確実に超えていたはず。よって、「義満が天皇になろうとしていた」という今谷説は成立しないと、僕は考えます。

第8章　「くじ引き将軍」足利義教《あしかがよしのり》と神仏の存在

義量《よしかず》、義持《よしもち》の死によって、「跡継ぎ問題」に直面した鎌倉幕府

多くの場合、時の為政者が没した後は、その息子が跡を継ぐわけですが、時には計算違いが起こることもあります。室町幕府第六代将軍の足利義教《よしのり》も、まさにそんな「計算違い」の末に将軍になった人物でした。

前章でもご紹介した三代将軍足利義満は、絶大な権力を持っていたため、妻がたくさんおり、子供も割と多かったようです。数多くの子供の中から選ばれた跡継ぎが、四代将軍の義持《よしもち》でした。

ところが、ここで大きな計算違いが起きます。義持の子で五代将軍となった足利義量《よしかず》(一四〇七～一四二五年)は、浴びるように酒を飲む酒浸りの日々を送っていたことが災いし、二十歳前に亡くなります。当時のお酒は、現代のどぶろくに近い甘いものだったので、余計に体には良くなかったのでしょう。まだ若かった義量には子どもがおらず、当然跡継ぎもいません。義量に代わる息子がいればその子に継がせることもできたのでしょうが、義持の息子は彼だけでした。

そこで、義持は考えます。「今実際に政治を動かしているのは俺なのだ。俺はまだ若い。

自分が政治を行っている間に、また男の子が生まれるだろうから、その子に継がせればいい」と。

義量が亡くなった後、もう一度義持は将軍職に復帰し、二回目の将軍をやることになります。そうなれば、六代将軍は義持ではないかと考える方もいるかもしれませんが、実態としては意味をなさないので、歴史上は四代義持、五代義量の後、義持を六代将軍と数えることはありません。

さて、義持は「そのうち息子ができるだろう」と思って呑気《のんき》に構えていたわけですが、急な病《やまい》で亡くなります。その死因は、どうやらお風呂に入ったとき、お尻にあったおできを掻《か》き破ったのが原因だとか。その傷口から悪い菌が入り、あっさりと病気で死んでしまったのです。昔は、医学が発達していないので、本当にちょっとしたことですぐに人が死んでしまうことがありました。

義持はコロリと意識を失って亡くなったわけではなく、熱を出し、布団の中でうんうんと唸《うな》って、大変苦しんだようです。そんななか、幕府の重臣たちは跡継ぎ候補を決めなければと焦り、「次の将軍はいかがしますか？」と義持に聞いたそうです。すると、義持は「お前らが勝手に決めろ！」と家臣たちに答えたとか。死の床にあった義持のこの言葉が、どういう意味を持つのか。これについて、佐藤進一先生は、「将軍を自分が決めたとしても、家来たちがその将軍を支持してくれないのであれば意味がない。だから、お前たちが従いたいと思う相手を自分たちで決めろ。そういう意味だったのではないか」と論文で考えを述べられています。

もっとも、義持からしてみれば、死の床についていて苦しくてしかたがないわけです。だから、「次の将軍なんかどうでもいい！」という気分だったのかもしれません。

神の御前で引かれた「くじ」に書かれていた「青蓮院義円《しょうれんいんぎえん》」

幕府の重臣たちは、義持の言葉を受けて考えます。

「どうしよう、これはまずい。義持さまはああ言っているが、俺たちが勝手に決めるわけにはいかないいじゃないか。ここは、神様に決めてもらおう」

そこで登場するのが、亡くなった義持の四人の弟たちです。全員三代義満を父に持ちながら、すでに僧侶として何不自由なく生活していました。幕府の重臣たちは、この四人の候補者の中から、くじ引きで将軍を決めようと考えました。

僕らは「くじ」というと、こよりや色が付いた細い紙などをイメージしますが、当時のくじは紙を折り畳《たた》んだようなものだったようです。このとき幕府の人々が用意したくじも、A4の半分くらいの大きさの四枚の紙に、候補者四人の名前を一人ずつ書いて、畳んでおいたものだと思われます。そんな四つのくじから、一つを選び、そこに名前が書いてあった人物を次の将軍に据えようと、幕府の人々は考えました。

作った四つのくじは、当時の幕府の守護大名のトップの役職である管領《かんれい》を務めていた畠《はたけ》山満家《やまみついえ》（一三七二〜一四三三年）という人物が石清水八幡宮《いわしみずはちまんぐう》に持って行き、神の御前でその中の一つをうやうやしく引きました。くじを開いてみると、書かれていたのは「青蓮院《しょうれんいん》義円《ぎえん》」という名前です。青蓮院義円は天台宗の僧侶でしたが、このくじ引きの後に還俗《げんぞく》し、六代将軍・足利義教（一三九四〜一四四一年）になりました。

神様に意見を聞くためにくじ引きをし、選ばれたのが六代将軍の足利義教だったというこの逸話は、今でもごく普通に定説として語り継がれており、それ以上のことは語られていません。

でも、この定説は本当なのでしょうか？　僕は非常に疑り深い人間なので、「次の将軍をくじで決めるなんてことが、本当に起こりうるだろうか？」と思ってしまうわけです。

四つのくじを作った男・三宝院満済《さんぼういんまんさい》

これまで、日本の歴史上で何かを決めるときに、くじを用いたことがないわけではありません。近い事例でいうと、「昭和」という元号を決めるときも、三つのくじが用意されて、引き当てられた紙に書かれていたのが「昭和」だったと言われています。この間、年号を決めるために使われたくじらしきものが、宮内庁で発見されました。でも、「昭和」と書いたくじは出てきたものの、残りの元号の候補名が書かれたくじはまだ出てきていません。

このことから、「実は、もともと三つあったくじには、全部『昭和』と書いてあって、どれを引いても『昭和』だったのではないか」とも噂されています。

もしかしたら、その噂と同じことが、足利義教の将軍就任でも行われていたのではないか。候補者としては四人が用意されていたものの、実際はすべてのくじに青蓮院義円という名前が書かれていたのではないか。そう僕は考えるわけです。

では、そもそもこのくじは誰が作成したのでしょう？　それは、三宝院満済《さんぼういんまんさい》（一三七八～一四三五年）という真言宗のお坊さんです。当時の仏教界では、真言宗と天台宗が二大勢力として権力を持っていました。三宝院満済は、真言宗と天台宗を合わせたすべての高僧の中でもトップに立つほどの権力者でした。同時に彼は、三代将軍の足利義満に非常にかわいがられ、四代義持の時期からは、黒衣の宰相と呼ばれてもおかしくないほど、政治に深い関わりを持つ人物でもありました。

さて、三代将軍の義満と四代将軍の義持の親子は仲が悪く、義持は自分が実権を握った際は、父親がやった政策をことごとくひっくり返すことに力を注いでいた。それは、ご紹介した通りです。その際、義持は、父・義満が取り立てた側近やお気に入りも、みな失脚させましたが、例外的な人物が三宝院満済です。義持は満済のことを、ずっと重用していました。

最初、義持は満済に、普通の僧侶にするような宗教的な相談をしていました。ところが、あるとき、ふと満済に政治的な話をしてみたところ、彼は驚くほど的確な意見を返したようです。以後、義持は満済に政治的な意見を求めるようになり、気づけば彼は、義持の最高顧問のような扱いを受けるようになりました。

だからこそ、満済が次の将軍を選ぶくじを作るのは、自然のなりゆきだったのです。このとき、もしも彼が「この人がふさわしい」と思う人物の名前を書いたくじを四つ作ったとしたら、どうでしょうか。それから、石清水八幡宮にくじを持って行って引いた畠山満家も、三宝院満済と非常に親交が深い人物でした。言ってしまえば、「ツーカーの仲」です。だから二人が組んでいたとしたら、完全に八百長《やおちょう》が実現します。更に勘繰れば、もしかしたら、この二人だけではなく、幕府の重臣たちはみんな共謀していた可能性もあるかもしれません。

このあまりに出来過ぎたシチュエーションの中で、本当に神頼みのくじ引きをやったのか。それは、かなり疑わしいと思います。

遠藤周作著『沈黙』を読み解く

もうひとつ、大前提として僕が思うのは、日本という国で、「神様に決めてもらえれば、みんなが納得する」という状況が、本当に成立するのか、という疑問です。

このとき、問題となるのは、その人が本当に神を信じているかどうか、どうやって立証するか、です。神様や仏様に向けての信心は非常に判断が難しい。口では「神を信じています」と言っても、本当に心の底から信じているかどうかは、また別問題だからです。

たとえば、二〇一六年に、マーティン・スコセッシ監督が、遠藤周作の小説『沈黙』を原作に映画を作りました。あの物語で、キリスト教の宣教師は、キリスト像を足で踏ませて信仰のありようを問う「踏み絵」を迫られます。「お前が転べば、キリスト教徒の疑いをかけられている島原の民を殺さなくても済むのだ」と役人に言われた宣教師は、皆を助けるために、キリスト像の描かれた絵を踏みます。

絵を踏んだ後、宣教師は日本人の名前を名乗り、日本人の妻をもらい、生涯を日本で過ごします。傍目《はため》から見れば、彼はキリスト教の信仰を捨てたかのように見えます。でも、心の中ではキリスト教に対する熱い信仰を抱き続けていました。少なくとも、マーティン・スコセッシ監督は、そのことを肯定的に捉えていたと思います。

遠藤周作が書いた原作の小説では、大筋こそ同じですが、少し話が違っています。作中、宣教師は、血を吐くような想いで神に問いかけます。

「あなたを信じる、罪のない無辜《むこ》の人々が、みんな酷《ひど》い目に遭っています。あなたの名前を呼び、酷い目に遭っています。どうか、あなたの声を聞かせてください。なぜあなたは沈黙しているのでしょうか」

それが、この作品の『沈黙』というタイトルの意味するところなのです。

これに対して、神がなんと、沈黙を破って答えるのです。「私はお前たちと共にいる。私はお前たちと一緒に苦しんでいる。お前たちとともに涙を流している」と。

遠藤周作先生がこの作品を世に出したときには、そのすばらしさに大きな反響がありました。しかし、同時に、キリスト教の人々からは「キリスト教への信仰はそんな性格のものではない。勝手に捨ててはいけないものであり、踏み絵を踏んで神を冒涜するくらいなら殉教するべきだ。本当のキリスト教とはそういうものだ」との意見が発せられました。今でこそキリスト教の教会側は何も言っていませんが、当時はこの小説に対して反発があったのです。

『沈黙』の中で、キリストは「よいから踏みなさい。構わない。私の顔を踏んでお前が助かるならば、私は喜んでお前に踏まれよう」と言います。しかし、キリスト教会の伝統的な主張には、「キリストの尊顔を踏むくらいならば、殉教して死ね。それが真のキリスト教徒だ」という考えがあるのです。

殉教したくて日本を目指した宣教師たち

実は長い間、僕はこの感覚を理解することができませんでした。でも、中年になってから、慶應義塾大学で近世史を教えている浅見雅一《あさみまさかず》先生の説明を聞いて、ようやく理解することができました。浅見先生は僕よりも二歳年下で、以前は史料編纂所に勤めていらしたのですが、現在はご自身の母校の慶應大学に戻り、教授をされています。

長年、浅見先生はキリスト教の研究をしておられますが、あるとき、僕は彼にこう問いかけたことがあります。

「当時のキリスト教の宣教師たちは、スペインやポルトガルからはるばる万里の波頭を超えて、船が沈むリスクも顧《かえり》みず、日本に来ていた。日本に来たら捕まって火あぶりになる可能性もあるのに、何を考え、何を求めて、彼らは日本に来るのだろうか。到底、自分には理解ができない」

織田信長（一五三四～一五八二年）は、そんなとんでもないことをする宣教師たちのことを人間的に好きだったようで、「よく来たな」と歓待していきます。しかし、豊臣秀吉以降の日本では、キリスト教はどんどん弾圧をされていきます。迫害されるリスクが高いにもかかわらず、なぜ辺境の地の日本にやってくるのかが、僕は長年の疑問だったからです。

これに対する浅見先生の答えは、まさに衝撃でした。「彼らは殉教がしたいんです。キリスト教のために死ににに来たのだから、酷い目に遭っても問題ないのです」というのです。そうか、自身の命より尊いものがあるんだ！

ちなみに、「殉教」と一口にいっても、どうやらそんなに簡単なものではないそうです。言葉は悪いかもしれませんが、未開の地の原住民に遭遇し、コミュニケーションも取れないまま竹やりで殺された場合は、殉教にはなりません。きちんと文明や文化のある土地に行き、キリスト教とは何たるかを現地の人に伝えた末、反発に遭って殺された。それで初めて殉教とみなされます。また、「この死は殉教かどうか」を認めるか認めないかは、バチカンによって決められます。

当時の世界で、きちんとした文明があり、キリスト教に対して強く反対している土地は日本だけでした。宣教師たちが殉教できる国は、日本しかなかったのです。だから、彼らは、我も我もと殉教しに来ていたのだ……というのが、浅見先生の説明です。

辛い思いをして殉教するほど、神に近づくことができるキリスト教

なぜ、そこまでして彼らは殉教したいのか。

キリスト教では、神を深く信じている人が、神のために死んだ場合、それは大きな栄光だとされます。そして、死んで天国に行った折には、キリストが自分を側《そば》近くに置いてくれるのだと考えられているのです。

死後の世界であっても、できるだけ神様に近づきたい。だから、みんなと同じように、単に天国に行くだけではダメなのです。自分の身に自分で苦痛を与えて他人に尽くすような人でないと、天なる神の近くに行ける資格は与えられない。神を賛美して酷い死に方をすればするほどに、神に近づくことができるのです。

キリスト教会の礼拝堂へと向かう道がありますが、その道の下に自分の棺《ひつぎ》を埋めたという有力者もいたそうです。なんのためにそうするのかというと、教会に来た人が道を通るたびに、その下に埋まっている自分の遺体を踏んでいくことになる。それが踏まれるたびに、魂の格が上がるのだと考えたようです。これなどは厳密な神学の観点からすると正しいのかどうかは分かりませんが、宣教師たちが、殉教したいがために日本にやってきてい

たというのは、彼らの感覚としては正しい行動だったのです。

キリシタン大名たちは、本当の信仰を持っていたのか？

こうしたエピソードを聞くと、日本の仏教とキリスト教の間には大きな違いを感じます。そのくらいキリスト教は厳しい宗教です。「キリストのために死ね」と言われたら、「はい、喜んで！」と即答するくらいでないと、信仰があるとは言えないのです。少なくとも天国の存在を確信していたからこそ、彼らは苦しい想いをしてもキリストのために死ぬことができました。

さて、ここで考えてみたいのが、宣教師の布教によって、キリスト教を受け入れたキリシタン大名たちの存在です。一五八七年に豊臣秀吉はバテレン追放令を出し、日本にいる宣教師たちを国外へと追い出します。このとき、キリシタン大名たちに対しても、秀吉は「キリスト教を棄てろ」と迫りました。

江戸時代の徳川幕府は「キリスト教を信じる人間は処刑する」というような全面否定を行いましたが、秀吉が出したバテレン追放令は、とりあえずは限定的なものでした。実際、彼はキリシタン大名たちに「心の底から信仰を棄てろ」と指示したわけではなく、「表面的に信仰をやめればそれでよい。心の中でキリスト教を信じている分には、俺は何も言わん」というようなことを伝えたようです。

そのため、多くのキリシタン大名は秀吉の言葉に従い、心の中では「俺はキリスト教徒だ」と思い続けるにとどめて、表向きにはキリスト教を棄てました。ですが、キリシタン大名の中でも高山右近《たかやまうこん》（一五五二？～一六一五年）だけは、「表面上であっても、自分はキリスト教を棄てることができません」と告げたため、秀吉の逆鱗《げきりん》に触れ、城も領地も没収されてしまいました。

こう考えてみると、本当の意味でのキリシタン大名は、高山右近だけだったと見ることができます。なぜなら、キリスト教の教義に基づけば、神を本当に信じているなら、表向きは信仰を棄てるというような小賢《こざか》しいことは許されません。神の栄光をたたえる立場である以上、殉教を辞さない覚悟で、「私は表向きだろうが何であろうが、信仰を棄てることはできません」とはっきりと言うべきなのです。

「日本人には宗教がない」と言われる理由

こうした話からわかるように、過去の歴史を見ると、実は日本人は本気になって信心するというケースがあまりないのです。

現代でも「日本人には宗教がない」とは、よく言われることです。まず、この世に生れ落ちてからは神社にお宮参りをして、毎年年末にはクリスマスを楽しんで、年始には神社へ初詣《はつもうで》に行く。結婚式のときにはキリスト教に、死ぬ時には仏教のお世話になってお墓に入る。あらゆる宗教が混在する日常を送る日本人を見ていると、「何を信じているのかわからない」と言われるのも、当然のことです。

宗教学者には、「いや、日本人は非常に宗教的な民族だ。一年中宗教由来の行事があるではないか。いろんな形で宗教の影響を受けているのだから、十分すぎるほど宗教的なのだ」と言う方もいらっしゃいます。一般的には「日本人は宗教に対していい加減だ」と思われがちですが、逆に考えれば「幅広い宗教と触れ合っている」「宗教とうまく距離をとっている」といえるのかもしれません。

たしかに日本人は、多くの宗教の影響を受けています。でも、だからといって、日本人が本当の信仰を持っているのかと問われたら、「イエス」とは言えない気がします。

僕たちは、地下鉄サリン事件を起こしたオウム真理教の信者たちのような人々に対して、「狂信的」という言葉を使います。彼らが抱く信仰は、社会や周囲の人たちとは折り合いが付かないものでした。現代においては絶対に許されないことですが、「心から自分の神様を信じている」という意味では、中世での本当の信仰はああいったものであったのかもしれません。そして、多くの日本人が日本にやってきたキリスト教の宣教師やオウム真理教の信者のような信仰心を持っていたかというと、それは違うと僕は思います。

こうした信仰心をもつ日本において、足利将軍の跡継ぎを決めるくじ引きを行ったとしても、その結果に多くの人が「神さまに選ばれた将軍である」と納得するかどうかは、はなはだ疑問が残ります。

僕は、三十代の頃から「当時の人々は本当に神様、仏様を信じていたのだろうか？」という問いを抱き続けていました。実際、歴史を紐解いても、日本人がひたすら神の存在を信じていたはずだと納得させてくれる事例が、ほとんどありません。

たとえば、中世のヨーロッパでは、異端審問や魔女狩りが行われましたが、日本ではそのような激しい事件は起こっていません。

また、世界の歴史を見ると、宗教弾圧や宗教対立によって命を落とす人は大勢います。ヨーロッパの宗教裁判ではたくさんの人が亡くなっていますし、ドイツではカトリックとプロテスタントの対立から三十年戦争が起きています。では、日本では宗教の対立がらみで亡くなった人がどれだけいるかというと、四人の浄土宗の僧侶だけかもしれません。この経緯は、四人の僧侶の念仏に惹《ひ》かれて、後鳥羽上皇が寵愛《ちょうあい》していた数名の女官が出家したことに始まります。以前から、浄土宗に批判的だった後鳥羽上皇ですが、出家した女官たちと僧侶たちが密通しているのではないかという疑いを持ち、激怒の末に、四人の僧侶を斬首《ざんしゅ》したのです。

つまり、宗教弾圧というよりは私怨《しえん》に近い理由から、四人の僧侶は殺された。これを見ても、欧州などに比べると、日本人の宗教に対する思い入れはだいぶヌルいと言わざるを得ません。このように四角四面な信仰心とは縁のない国で、将軍を神に任せてくじ引きで選ぶ、結果はみなが尊重する、などという発想が出てくるとは、僕には到底思えないのです。

「義教の治世」のときに行われた、「湯起請《ゆぎしょう》」とは何か

古代日本にも、実は室町幕府のくじ引きと、似たような事例があります。『日本書紀』によれば、古代日本では、盟神探湯《くがだち》という神明裁判《しんめいさいばん》が行われていました。神明裁判とは、神様が真実を教えてくれるとする裁判方法で、日本のみならず、世界各地で行われていました。

この盟神探湯の逸話に登場するのは、何人もの天皇に仕え、数百歳まで長生きしたと伝えられる武内宿禰《たけうちのすくね》という人物です。武内宿禰は弟とトラブルを起こすのですが、どちらが本当のことを言っているのかわからない。そこで、当時の天皇は、どちらの言葉が正しいのかを判定するために、煮えたぎったお湯を用意しました。そして「双方がお湯の中に手を突っ込めば、嘘をついているほうの手は焼けただれ、正しいほうの手は神によって守られるはずだ」と告げたのです。いざお湯に手を突っ込むと、武内宿禰の手は無事でしたが、弟の手は焼けただれてしまい、弟が嘘をついているはずだと判定されたのです。

この盟神探湯は、古代日本で行われて以来、その後、行われたという事例はまったくありません。

ところが、くじ引きで義教が将軍になり、政治を行うようになるころ、なんと再びこのやり方が日本で行われているのです。これに気が付いたとき、僕は自分で自分を誉めてやりたい気持ちになりました。

六代将軍となった義教は非常に政治に前向きな人だったので、彼が一つ一つの裁判に対して、「これはこうしろ」「これはこいつの勝ちだ」などと指示を出した内容が、『御前落居記録《ごぜんらっきょきろく》』という史料に書き記されています。これは非常に面白い裁判史料なのですが、その中に二カ所「湯起請《ゆぎしょう》」という単語が出てきます。この「湯起請」こそが、盟神探湯が形を変えたものなのです。

一つの事例では、AさんとBさんが争っていたので、お湯を沸かし、双方に手を突っ込ませてみようと試みます。そこで、先にお湯に手を突っ込んだAさんが火傷《やけど》をしたので、嘘をついている証拠となり、Aさんは敗訴します。もう一つの事例では、AさんとBさんが喧嘩《けんか》をしているので、Aさんに対して「京都で湯起請をやるから出てきなさい」と命令しました。すると、Aさんが現れない。つまり、湯起請を拒否したのは、嘘をついている証であり、裁判はAさんの負けだという判決が下っています。

さて、みなさんは、これを読んでどう思うでしょうか?

どれだけ信心が厚い人であろうと、神様が守ってくれようと、煮えたぎったお湯の中に手を突っ込めば、誰だって火傷はします。湯起請を取り仕切っていたのは、幕府の奉行人《ぶぎょうにん》という役人たちですが、彼らもそのことを十分よく知っていたに違いありません。

だから、「ＡとＢが争っているけれども、Ａがクロで、Ｂのほうはシロだろうな」と思ったら、先にＡさんにお湯の中に手を突っ込ませて、Ｂさんは後回しにします。Ａさんがお湯に手を入れると、火ぶくれしたのか、指が白く焼けたと史料には書かれています。白くなる程度ならばそこまで温度の高いお湯ではなかったのかもしれませんが、Ｂさんがお湯に手を突っ込むまでもなく、役人は「よし、Ａはアウトだな」と断定できるわけです。

二つ目の事例である「湯起請をやるから来い」と呼び出されたケースでも、火傷をするのがわかっているのだから、誰も参加はしたくない。当然、湯起請には行きたがらず、欠席します。そうなれば、役人は「よし、来なかった奴が犯人だ」と決定できるのです。

こういった神明裁判は鎌倉時代には行われていません。室町時代にしても、くじ引き将軍の義教がいた時期に、二件行われただけです。「神仏は尊崇しているがお名前をお借りしよう」という発想がまさにこの時に生まれたのではないでしょうか。そして、もし、この湯起請と同じような考えのもと、くじ引きが行われていたのだとすれば、義教の将軍就任でも八百長が行われている可能性は極めて高いと思います。

奉行人たちは「うちの将軍もくじ引きで決まったのだから、自分たちも神に頼ろう」と思ったのではないでしょうか。義教はそれを聞いて、にやりと笑ったと思います。

ハンガリーでも行われていた、火傷《やけど》の有無で問う「神明裁判」

もし、くじ引きが八百長だった場合、少なくとも当時の首脳陣たちは、神様や仏様の存在をヨーロッパ的な厳格さでは、信じていなかったことになります。信じているといっても、秀吉のような為政者に「表向きは信じてないふりをしてくれ」と言われたら、その言葉に従うレベルであったことは間違いない。高山右近のように「神様のためならすべてを投げ打ってもいい」とするほどの信仰ではないと僕は思います。むしろ、信じていないどころか、神様や仏様を良いように利用していたわけです。

もちろん、当時の人々にも神様や仏様に対する尊敬の気持ちはあったかもしれませんが、その実在を疑っていたからこそ、湯起請を行うことができたのでしょう。そうでなければ、怖くて神を試すようなことはできないはずです。

実は十三世紀のハンガリーの教会でも、同じようなことが行われていました。それは、お湯の中に手を突っ込ませて是非を問うなどという甘いものではなくて、被告人に真っ赤に熱した鉄棒を握らせ、火傷するかを見るというもの。この裁判は何百回も行われており、今でも記録が残っています。このときに「私は握れません」と断った人もいたとされています。

教会側は「嘘をついていようといなかろうと、焼けただれた鉄棒を握れば火傷する」ということはわかっているのでしょう。だから、「この人は本当のことを言っているだろうな」と思う人には、鉄棒は握らせていなかったようです。

時に資料は嘘をつく――「義教のくじ引き八百長説」を解く

湯起請のほか、もうひとつ「状況証拠」となるのが、青蓮院義円が足利義教将軍になった頃、義教の取り計らいにより、三宝院満済に「准后《じゅごう》」という立場が与えられたことです。これはどんなものかというと「太皇太后《たいこうたいごう》、皇太后、皇后」という「三后」に準じる待遇を意味します。早い話、皇族扱いの地位を手に入れ、最高の栄誉を受けた。これはどう考えても、義教から満済に対して、「よく自分を将軍にしてくれた」という御礼だったと考えるのが普通でしょう。

本章から何が見えてくるのかというと、史料を読むというのはそんなに単純ではないということです。史料の上面だけを読み、歴史を理解できたのだと思うのは早計です。史料を額面通りに受け取るのではなく、そこに書いてあることは本当なのか。それを疑う姿勢が必要なのです。

たとえば、前章で「足利義満は天皇になろうとしたのではないか」という説を唱えた今谷先生は、僕の「義教のくじ引き八百長説」に対して、「三宝院満済は自分の日記に『くじを作って、くじ引きで将軍を決めた』と書いている。史料によれば、この時に神社でくじ引きを行ったのは間違いないのだから、それを疑ったら実証史学ではなくなる」と批判をされました。

これに対して、僕は何と答えたかというと「あなたは日記に嘘を書かないのか」ということです。

読者のみなさんにも、日記を書いておられる方はいるかもしれません。でも、その日記にすべて真実だけを書いている人は、あまりいないのではないでしょうか。本当に墓場まで持っていきたい秘密をもつ人が、誰かに読まれるリスクがある中で、その話を日記に書くわけがないからです。たとえば、愛人と熱海に行った話を日記に書くとして、素直に「浮気相手と熱海に行きました」とは書かないはず。仮に日記に書いたとしても、「仕事先の人と一緒に、出張で熱海に行きました」くらいには改変するはずです。

それと同じで、満済が八百長でくじ引きをしたとしても、日記には「八百長をやりました」とは書かないでしょう。正直、どこまでその日記に本当のことが書かれているのかは、本人以外に立証するすべはありません。時に史料はウソをつく。そんな歴史のルールを踏まえた上で、やはり義教将軍のくじ引きは、八百長だったのだと僕は考えます。

第9章　「応仁の乱」の本質

八代将軍・足利義政《よしまさ》が招いた「跡取り問題」

一四六七年から十一年の長きに渡って、京都で起こったとされる「応仁の乱」。この戦争のきっかけについては諸説ありますが、「原因は足利将軍家の跡継ぎ問題だった」というのが定説です。

当時の室町幕府がどんな状態だったかというと、くじ引きで選ばれた六代将軍の足利義《よし》教《のり》が暗殺され、義教の息子である足利義勝《よしかつ》（一四三四～一四四三年）が七代将軍に就任していました。ところが、義勝はまだ幼いうちに亡くなってしまい、八代将軍として義勝の弟である足利義政《よしまさ》（一四三六～一四九〇年）が選ばれました。

義政は、銀閣寺を建てた人としても知られていますが、長いこと子どもができませんでした。次の将軍をどうするか考えた際、義政は「自分の弟に僧侶になっている者がいるから、彼に将軍の位を譲る」と言い出しました。ところが、その出家した弟にそのことを伝え、還俗してもらおうとすると、難色を示されます。

弟からしてみれば、父の六代将軍である義教は暗殺されているし、将軍になることが良いことのようにも思えない。だから「義政兄さんはまだ若いから、子どもができるかもしれない。もし息子ができた場合、自分がいたらどうせ邪魔にされるだろうからイヤだ」と、断りました。しかし、義政は、「大丈夫だ。どんなことがあってもお前を後援するから、還俗して自分の跡を継いでくれ」と言う。

そこまで言われるのなら仕方がないと、還俗し、足利義視《よしみ》（一四三九～一四九一年）と名乗るようになりました。

ところが、人生とは皮肉なものです。そんな話をした翌年、足利義政の妻である日野富子《ひのとみこ》（一四四〇～一四九六年）が息子を産んでしまいます。それでも、八代将軍の義政は「息子は生まれたものの、弟と約束している以上、将軍職は予定通り弟に譲る」と考えていました。還俗した義視の立場からすれば、「あれだけ強く約束したのだから、息子が生まれたからといって、約束を反故《ほご》にするのは勘弁してくれ」と主張するのは当然です。でも、日野富子にしてみれば、自分がお腹を痛めて産んだ子を将軍にしたい。そこで、九代将軍に誰を据えるべきかという問題が勃発《ぼっぱつ》しました。

畠山持国《はたけやまもちくに》の疑いが発端になった「跡継ぎ問題」

足利将軍家で問題が起こっていた頃、畠山家も同様の問題で揉《も》めていました。ここで簡単に、室町幕府の政治事情について補足させてください。当時の室町幕府は、斯波《しば》家、畠山家、細川家の三つの家が代わる代わる「管領《かんれい》」になることで、運営されていました。管領とは、幕府の実質的な政治責任者のこと。つまり、畠山家は、幕府政治に非常に強い発言力を持っている家柄だったのです。

前章で登場したくじ引き将軍・義教の八百長の実行者としての疑いがある畠山満家も、畠山本家の当主です。また、満家の息子の畠山持国《もちくに》（一三九八～一四五五年）は、畠山家の全盛時代を築いたと言われるほどに優秀な人物でした。

ところが、彼の次を決める際に、息子である畠山義就《よしひろ》（一四三七?～一四九一年）と、甥にあたる畠山政長《まさなが》（一四四二～一四九三年）の間で非常に面倒な跡継ぎ問題が起きてしまったのです。

どうして息子がいるのに、甥が後継者候補に挙がり、さらに二人の間でバトルが起こったのか。かつて、畠山持国はオペラの〝椿姫〟のような高級娼婦と深い仲になり、相手の女性が妊娠して、男の子を生みました。女性からは「あなたの子よ」と言われたものの、なにせ相手は高級娼婦。数多くの恋人がいるはずです。そこで、持国は、「え、本当に自分の子なの？」という疑いを抱きました。誰の子だかわからない男の子を、自分の家に迎え入れたくはない。そこで、持国は、息子が生まれたらすぐに寺に送り、僧侶にしてしまいました。

月日が経ち、持国は跡目について考えるようになりました。「私には息子ができなかったな。仕方ない。甥の政長を後継者にしよう」と決めました。しかし、あるとき京都にある相国寺《しょうこくじ》へ行くと、「あれ？　もしかして、お父さんじゃないですか？」と一人の少年に話しかけられます。それは、かつて〝椿姫〟から生まれ落ち、自分が寺へ送った息子でした。赤ん坊の頃にはわかりませんでしたが、いざ成長した息子を見てみると、その顔は自分に瓜二つです。

「これは、自分の子に違いない」と持国は、確信します。

せっかく息子がいるのならば、甥ではなくて、息子に跡を継がせたい。そう思った持国は、その僧侶を還俗させ、義就と名乗らせ、家へ連れて帰るのです。

さて、ここで困ったのは、政長とその家来たちです。政長にしてみれば、「自分が後継者になると思っていたのに、いきなり出てきた息子にその地位をかっさらわれてしまうのか」と愕然《がくぜん》としたでしょう。政長の家来たちにしても、将来的には政長が家督を継ぐと思っていたからこそ、一生懸命彼に取り入る努力をしていたわけで、「だったら、これまでの自分の努力はなんだったのだ……」とがっかりしてしまったでしょう。

逆に、政長に取り入るのに失敗していた家来たちは、「新しい跡取りとなる義就さんに取り入ろう」と考えて、義就を持ちあげます。この跡目争いによって、畠山家は真っ二つに割れてしまいました。しかも、騒動の最中に、問題の原因を作った持国は死んでしまい、争いは苛烈を極めました。

どちらが家督を継ぐべきかを議論した末、幕府側が支持したのは甥の政長側でした。一方の義就は、謀反人《むほんにん》と認定され、討伐の対象になりました。それでも、義就は、自分の名誉を守るため、懸命に戦いました。

応仁の乱に登場してくる武将は、みな軍事面では平凡です。ですが例外的に畠山義就は、戦《いくさ》上手でした。その様子に目を付けたのが、山名一族の長で、当時の幕府に大きな権力を持っていた山名宗全《そうぜん》（一四〇四～一四七三年）です。ねばり強く戦う義就を見て、「こいつは使えるな」と思った彼は、「山名は義就を支持することを決めた」と宣言します。

困ったのは、政長です。山名宗全が義就を支持するのならば、自分はどうなるのかと不安になった彼は、三管領であり、幕府内で山名と対抗できるだけの力を持つ細川勝元《かつもと》（一四三〇～一四七三年）に、「自分を支持してくれますよね？」と詰め寄った。勝元は、「もちろんあなたを支持しますよ」と賛同します。ここで、幕府内に、畠山義就を推すグループと、畠山政長を推すグループが誕生します。

この畠山家と足利将軍家の跡継ぎ問題によって、室町幕府は、細川勝元が率いる東軍と、山名宗全率いる西軍に真っ二つに割れました。両者の争いは、京都で十一年間の長きに渡って行われ、気が付いたら京都は焼け野原になっていた。これを「応仁の乱」と呼びます。

応仁の乱の本質は「誰が幕府の運営をするか」を巡る権力争い

教科書などでは、非常に複雑な人間関係で説明される応仁の乱ですが、この解釈の問題点は、両軍が何を求めて戦っていたのかがハッキリしない点です。

では僕はどう考えるか。僕は応仁の乱の本質は「誰が幕府を運営するか」を巡る、権力争いだったのだと思います。平凡すぎますか？　まあ聞いて下さい。

改めて考えてみたいのが将軍の地位についてです。以前、将軍職は「私がやります！」「いや、私が！」と人々が奪い合う華々しい地位でした（たとえば、くじ引き将軍義教の兄弟、大覚寺義昭《だいかくじぎしょう》は将軍の座を狙って運動し、討たれています）が、応仁の乱前後の将軍職というものは、さほど魅力的なものではないし、何といっても義教が暗殺された影響か、将軍自体の影響力も失墜していました。だから、将軍家の跡継ぎ問題などはどう転んでも幕政に変化をもたらすものではなかった。

むしろ、重大な意味をもったのは、細川と山名による幕府内の勢力争いです。その頃、両家の火種になっていたのは、瀬戸内海の交易権ではないかと僕は思っています。瀬戸内海の交易は当時非常に盛んでしたので、これを押さえれば、豊かな富が手に入ります。瀬戸内海交易の延長線上には、日明貿易の利権もあります。日明貿易は儲《もう》かるので、誰もがやりたいと考えるのですが、明との交易は将軍の名がないとできません。自分が幕府の実権を握って将軍を自在に操れれば、日明貿易も手中に収めることができます。

そこで、細川と山名は、瀬戸内海沿岸にどれだけ自分の拠点が築けるかを争います。

細川は四国を拠点としており、堺の商人と連携していました。

対する山名は、備後《びんご》や安芸《あき》、現在の広島県あたりに拠点を構え、航行する船に対して税金を取っていました。さらに、山名の盟友には、山口に拠点を持つ大内《おおうち》氏がいます。大内は「自分は朝鮮の王朝の子孫だ」と名乗っていたほどなので、朝鮮との交易も行っています。また、彼は博多の商人ともしっかりとつながりを結んでいたので、明との交易にも強かった。

つまり、室町時代には、「どちらが瀬戸内海の交易権を押さえるか」を争う「経済戦争」が行われていた。それが、応仁の乱が十一年も続いた要因のひとつではないかと僕は思います。

事の発端は、幕府を二つに分けた足利尊氏《たかうじ》と直義《ただよし》の兄弟

そのほかにも、応仁の乱の根底には、足利尊氏と足利直義《ただよし》（一三〇六～一三五二年）の長きに渡る兄弟の戦いがあるように思います。

室町幕府を立ち上げた際、足利兄弟は、兄の尊氏が軍事を担当し、弟の直義が政治を担当することで、幕府の機能を二つに分割して治めようとしました。一人の人間が、両方の役割を担当すればよかったのに、室町幕府は幕府の役割を二つに分けた。それが、応仁の

乱につながる幕府の問題だったと僕は考えます。

　尊氏と直義には、大きな意見の相違もありました。尊氏は「京都に幕府を開きたい。そのためには、朝廷との折衝や交渉が必要だ。今後、幕府は朝廷と一緒に政治を行うべきだ」という考えの持ち主でしたが、直義は「鎌倉時代のように武家と朝廷は距離を取ったほうがいい」という考え方を持っていました。

　なぜ、尊氏が京都で政治を行うことにこだわったのかというと、経済を重視していたからだと思います。日本列島では鎌倉時代に貨幣経済が浸透しましたが、その経済の中心は京都でした。全国各地への流通網は、すべて京都を中心に張り巡らされていたのです。ビジネスの中心である京都を押さえることは、日本列島の商業を押さえ、さらには税収の安定につながると尊氏は考えていたのでしょう。

　一方、直義の言うように関東に幕府を置いた場合、当時の関東はまだまだ田舎なので、お金ではなく農作物で税金を納めることになっていたでしょう。直義はそんな昔ながらのスタイルがいいと思っていましたが、尊氏はそうは思いませんでした。言ってみれば、これは「農業」と「商業」の戦いでもあったのです。そして、この兄弟の派閥争いが激化し、一三五〇年に、「観応《かんのう》の擾乱《じょうらん》」という戦いに発展します。

　このとき、兄である尊氏を強力に支えたのが細川氏で、弟の直義を支えていたのが斯波氏と山名氏でした。最終的には、尊氏に直義が暗殺されてしまうことで、争いには終止符が打たれます。しかし、この両者の因縁は、その後もずっと室町時代に引き継がれていきます。

足利兄弟の争いから発展した、大名たちの争い

　その後、尊氏の孫となる三代将軍の足利義満の時代になると、幕府の力を強めるために、有力な大名の討伐を行います。最初の標的となったのが土岐《とき》氏、その次が山名氏。最後は大内氏でした。

「この三つの家を攻撃するように」と義満に指導していたのが、細川頼之《よりゆき》（一三二九〜一三九二年）です。細川頼之は、二代将軍の義詮《よしあきら》が若くして亡くなった後、三代将軍の義満を一家総出で育てた人物でもあります。そして、義満は祖父の尊氏と同じように「朝廷と協力して政治を行おう」という姿勢を継承します。しかも、「協力しよう」よりももっと過激に、「幕府が朝廷を吸収してやろう」という方向性に舵を切ります。

もっとも、幼少期の義満が自発的に「朝廷を乗っ取ってやろう」と考えるはずはないので、おそらくは細川頼之が教育したのでしょう。義満が貴族としても立派な官職を与えられるようになった頃から、室町将軍家が朝廷と幕府の両方に君臨する室町王権が姿を現していきます。武士でありながら、貴族としても高い身分を持つ。そんな義満に、貴族たちもペコペコと頭を下げるようになります。この室町王権の形成を推進したのは細川頼之で、それに反対して快く思わなかった土岐、山名、大内が潰されていったわけです。

ですが、「潰す」といっても、江戸時代のように家が取り潰されるようなことはなく、権力を四分の一から三分の一くらいに削られるだけで、完全に滅ぼされるまではいきません。なぜなら、相手を滅ぼし切るまでの力は、当時の足利将軍家にはなかったからです。そのため、義満の討伐の後も、三つの家は生き残ります。

土岐、山名、大内という大きな家の権力が減退する中、細川頼之にとって一番の政敵は、足利一門の名家であり、巨大な力を持つ斯波《しば》です。斯波と細川は管領として政治を動かしているわけですが、三代将軍の義満は細川と蜜月関係にあり、四代将軍の義持《よしもち》は、斯波家と切っても切れない関係がありました。

実は足利尊氏の時代から変わっていない、室町幕府の勢力図

そう考えてみると、本質的には、室町幕府は足利尊氏派と足利直義派という二つのグループから始まって、途中から両者の争いが姿を変えて細川グループと斯波グループの対立に発展していくわけです。細川派はそのまま権力を持ち続けますが、斯波派は、義将《よしまさ》の子どもの代からあっという間に力を失っていきます。その派閥は山名家が後を引き取り、山名グループとして形を変えていきます。だから、応仁の乱の冒頭に、細川対山名という対立があったのは、至極もっともな話なのです。

両者の顔ぶれにしても、当時、西軍である山名を支持していたのは、義満に討伐された土岐や大内です。つまり、これは、かつて足利義満に痛い目に遭わされた土岐、山名、大内という大名家たちのリベンジなのです。

一方、東軍である細川の盟友は誰かというと、まず筆頭に上がるのが播磨《はりま》の赤松《あかまつ》です。両者の関係は古く、再び尊氏の時代に遡《さかのぼ》ります。尊氏の弟の直義が滅んだとき、息子の直冬《ただふゆ》を旗印にして、山名が山陰から何回も何回も京都に攻め込む出来事がありました。製鉄技術があるせいか、山名は戦争が非常に強いのですが、山名を京都に攻め込ませないよう

に、その前に立ちはだかったのが細川と赤松でした。その中で、細川と赤松の盟友関係が生まれたのでしょう。

実際、史料を見ても、和歌の会などが行われると、細川と赤松はいつも一緒に顔を出しています。よって、応仁の乱でも赤松は細川率いる東軍に味方します。また、同じく細川とよく行動を共にしていた京極《きょうごく》も、東軍に味方します。

しかし、細川派閥はみな東軍に味方したわけではありません。三河《みかわ》を本拠地とする一色《いっしき》は、この時は西軍に肩入れします。一色は例外として、ここまでの西軍と東軍の顔ぶれを見ると、室町幕府ができた当初から、この対立構造は全然変わっていないということがわかります。

応仁の乱は人間関係が入り組んでいますが、「細川対山名」という対立さえ押さえておけば、ある意味とてもシンプルなのです。

代々引き継がれてきた「憎き細川」「憎き山名」の恨み

大切なのは、室町時代の最初に「幕府はどうあるべきか」という考えの対立が存在したのを知っておくことです。

幕府を鎌倉に置くべきか、京都に置くべきか。

朝廷と距離は取るべきか。朝廷と一緒に政治をするべきか。

そんな両者の考え方の違いから生まれた対立から、時代を経るごとに理念が失われ、応仁の乱が起こる頃には、ただ単純に「相手が許せない」との感情だけが残ってしまったのではないかと僕は思います。

大義名分がなくとも、昔から代々引き継がれてきた「あいつらが嫌いだ」という気持ちが、双方の心の中にくすぶっていたことは間違いない。幕府全体の会合などで憎き相手に遭遇したときは、彼らも一応大人の対応として、挨拶くらいはしていたかもしれません。しかし、心の中では、「憎き細川」「憎き山名」と恨みを持ち続けていたのでしょう。そんな想いがくすぶっていたところに、畠山家や将軍家の跡取り問題が起きました。そこから両者の積年の恨みに火がついて、幕府は西軍と東軍という二つの陣営に分裂します。そして、双方の陣営に、昔からの細川グループと山名グループがそれぞれ味方した結果、応仁の乱が起きたのだと考えられます。

応仁の乱は、ダラダラ戦っていたから十一年もかかった

理念が失われ、ただの憎しみから戦った。だからこそ、応仁の乱は十一年という長きにわたって行われたのではないでしょうか。仮に、天下の政治権力を東軍と西軍で争うといったような真面目な戦いであったなら、いち早く勝敗を求めるがゆえに、戦いはより激しさを増して、短期決戦で終わったはずです。

たとえば、一一五六年に起きた「保元《ほうげん》の乱」は、武士が力を持つ世の中の幕開けとなる戦いでした。発端は、鳥羽《とば》上皇（一一〇三～一一五六年）という権力者が亡くなり、その巨大な権力を、崇徳《すとく》上皇（一一一九～一一六四年）か後白河《ごしらかわ》天皇か、どちらの息子が引き継ぐのかという跡継ぎ問題でした。

当時、政治のトップを務めていたのは、藤原氏の摂政である藤原忠通《ふじわらのただみち》（一〇九七～一一六四年）という人物でした。忠通も有能な人物でしたが、弟の頼長《よりなが》はさらに段違いに優秀だったと言われています。父親の藤原忠実《ただざね》は、頼長を非常にかわいがっており、後継者にはすでに忠通を据えてはいたものの、本心は頼長に跡目を継がせたいと思っていたようです。そんな父の迷いの結果、藤原氏の兄弟も跡目争いで揉めることになります。

兄・忠通は後白河天皇側につき、弟・頼長は崇徳上皇につき、それぞれが兵を集めて、戦を繰り広げました。この争いが後に言う保元の乱で、勝利したのは後白河天皇でした。でも、この戦は、約一日で終わりを迎えます。

保元の戦いに限ったことではなく、当時の戦いは、お互いが本気で戦ったのならば、一日か二日で終わるのが普通なのです。事実、天下の分け目となった関ケ原の戦いも、たった一日で終わっています。

しかし、応仁の乱の場合は、十一年間もかかっている。これはどういうことかというと、ダラダラと戦っていたからにほかなりません。

焼け野原になったはずなのに、現代でも寺社が残る京都の町

その「ダラダラぶり」は、現在の京都の様子からも想像がつきます。応仁の乱によって、京都は焼け野原になったと伝えられています。

でも、お寺の方には怒られてしまうかもしれませんが、京都にはいまだに古くからのお寺がたくさん残っており、そのお寺には大量の文書や経典、それに仏像がきちんと残され

ています。もちろん、当時のお坊さんたちが、応仁の乱の戦火を潜《くぐ》り抜けて、自分の命に代えて一生懸命仏像やお経を運び出したという話はあります。ですが、本当に京都一面が焼け野原になったのならば、文書も仏像も残っているはずがありません。

後世、織田信長が比叡山延暦寺《えんりゃくじ》に焼き討ちをかけますが、比叡山の場合は徹底的に燃やされてしまった結果、仏像やお経、建物など、現在では何も残っていません。「本気で焼け野原にする」とはこういうことです。

また、京都の町では略奪行為などがしきりに行われたでしょうが、延暦寺に比べたらだいぶヌルいと言わざるを得ません。

しかも、「戦った」とは言え、東軍でも西軍でも大名たちは、戦いで死んでいません。全員、戦場ではなく、畳の上で死んでいます。このヌルさを考えると、応仁の乱を「戦い」と呼んでいいのかは、かなり疑問が残るところです。

おそらく、「十一年続いた応仁の乱」といっても、戦いの中の平和があったのではないかと思います。たとえば、南朝と北朝が六十年間に渡って戦い続けた南北朝の動乱にしても、毎日戦い続けていたわけではありません。

おそらく、西軍も東軍も、「こちらは西軍のテリトリー」「こっちは東軍のテリトリー」

と自分たちの領域に線引きしただけで、気持ちが落ち着いてしまったのではないでしょうか。日本と北朝鮮を思い浮かべてください。日本と北朝鮮は、いまだに国交がない上に、仲も良くありません。しかし、北朝鮮がいかに「お前の国を攻撃してやる」と言ったとしても、実際に日本を攻撃することはありませんし、できません。応仁の乱の西軍と東軍も、こんな状態だったのではと推測されます。

応仁の乱には勝者はいない

さて、応仁の乱で十一年間に渡って戦い続けた結果、室町幕府はどう変わったのでしょうか。まず、三つの家が交代で任されていた管領については、細川家の独占体制へと移行。細川家は、念願かなって室町幕府の政権運営を一手に握ることに成功しました。このことからすると、応仁の乱で東軍と西軍のどちらが勝ったのかといえば、細川家が率いる東軍が勝利したのだと考えられます。

でも、僕は、ここから更に、もっと違う形で考えを進めるべきではないかと思っています。

鎌倉幕府は北条氏がずっと武士のリーダーだったように、室町幕府がもう少し続けば、細川氏が幕府の実権を牛耳《ぎゅうじ》ることができたでしょう。ですが、室町幕府は屋台骨が崩壊していたため、細川家の覇権は長くは続きませんでした。応仁の乱には勝者はいない。これが、僕の結論です。

本章の最後で、室町時代の政権構造と細川氏の影響力について触れたいと思います。

室町幕府における細川の影響力は大きかったはずなのですが、実は残念ながら、細川がどんなことをやっていたのかは、いまひとつよくわかっていません。

四代将軍の義持《よしもち》の時代から六代将軍の義教《よしのり》の時代までの政治史を知る際には、前章でも出てきた三宝院満済の『満済准后日記《まんさいじゅごうにっき》』が史料になります。この当時の史料として、貴族の日記はたくさん残っているのですが、満済のように幕府の内部にまで分析を深めた日記は残っていません。よって、多くの場合、この日記を主な史料とし、足りない部分は他の史料で補填《ほてん》するという形で研究が行われます。

ところが、満済は、畠山満家《みついえ》とは親交が深かったものの、細川とはあまり仲が良くありません。だから、日記には細川の情報があまり書かれていないのです。『満済准后日記』を一生懸命読めば読むほどに、細川が具体的に何をしているのかがよくわからず、細川の印象が非常に薄くならざるを得ない。しかし、七代、八代将軍の様子を見ると、細川家は順調に力を伸ばしていることがわかります。

史料には書き残されていないものの、もしかすると、鎌倉幕府の北条氏のように、実は室町幕府は細川の影響が色濃い、「細川政権」だった可能性もあるのです。

もしも、細川の動きに注目しながら、室町時代の史料を読んでみたら、意外と新たな歴史像が浮かび上がってくる可能性があります。とはいっても、鎌倉時代の北条氏のような独裁はなかったでしょう。その後、室町時代が終わりを告げた後、江戸時代にはいろいろな譜代大名が、入れ代わり立ち代わりで政治に関わります。その過渡《かと》期にあった室町時代は、細川という有力者が中心にいながらも、周囲の人員が交代しながら政治を行っていた……と考えると、しっくりくるように思います。

第10章　織田信長の「天下布武《てんかふぶ》」が意味すること

「天下布武《てんかふぶ》」を掲げた織田信長の真意

本書で紹介している「定説」とは、明治時代に入り、日本で科学的な歴史学が始まってから百五十年もの間、数多くの先人たちが研究を積み重ね、生まれたものです。ゆえに、その定説は、本来、そう易々《やすやす》とひっくり返せるものではないのです。

しかし、歴史研究者も、我欲は少ないけれど結局は人間であり、功名心を抱いています。歴史研究をやる以上、「周囲に認められたい」と思う人が大半です。

時に自分の主張を押し通す力強さは必要です。もし、自説が定説とは違う場合、自分と異なる意見を持っている人々に対して、「私はこう思う」と主張しないと、学問は前に進みません。ゆえに、功名心を否定する気は僕には全くありません。

しかし、度を過ぎた功名心は、時に混乱を生みます。誰もが提唱していないから、こんな説を唱えれば、目立つことができるのではないか。そんな底の浅い考えから、十分に検討していない学説を、若さに任せて発表する人が少なからずいます。そうした人々に対しては、きちんと「それは違うのではないか」と正すことが、教育者のあるべき姿だと思いますが、今はそうした指摘ができる教育者が少なくなってきました。

こうした背景の中、僕が気になっているのが、織田信長が掲げていた「天下布武《てんかふぶ》」についての考え方です。

天下布武は、「天下に武を布《し》く」、すなわち「自分の武力を持って天下を統一する」という意味を持ちます。尾張《おわり》を統一した後、清州《きよす》城に居を構えた信長は、美濃《みの》を落とすことを次の大きな目標に据えました。そのため、尾張よりもさらに美濃の近くにある小牧《こまき》山に城を作り、そこを拠点に、美濃の攻略を考えたのです。その甲斐《かい》あって、信長はついには念願の美濃の稲葉山《いなばやま》城を落としました。彼は、攻略した稲葉山城に自らの拠点を移し、「岐《ぎ》阜《ふ》城」と名前を変えました。そして、この時から、信長は「天下布武」というハンコを使い始めたのです。

尋常ではないスピードで「石高《こくだか》百五十万石」を手に入れる

これに対して、従来の研究者たちは「日本列島を統一することは、信長の悲願であった。だから、ハンコでも自分の願いを示したのだ」と考えていました。信長が生きていた当時は、ハンコの文言に自分の理想や願望を示すという慣習もあったので、彼が天下統一を目指して「天下布武」の文言が刻まれたハンコを作ったというのは、まったくおかしくありません。「天下布武」という印を使っていた以上、信長が「自分こそが日本列島を統一する」と考えていた、との解釈は必然である、と考えられてきました。

しかし、昨今では、この定説に対して、「いや、天下布武の〝天下〟とは、日本列島を意味するのではなく、京都を中心とした畿内を指しているのだ」という声が上がっています。この論についての検証をするため、まずは、信長が天下布武という言葉を使い始めた経緯を見て行きましょう。

天下布武という言葉を使い始めた当時、信長は尾張と美濃の二カ国を手中に収めていました。「たった二カ国しか手に入れてないのに、〝天下統一〟を掲げるのは時期尚早すぎる」と考える方もいるかもしれません。

一方で、当時の常識から考えると、一人の戦国大名が尾張と美濃の両方を手にするというのは、とんでもないことです。まず、尾張と美濃は、どちらも六十万石の石高《こくだか》がある場所です。つまり、この二カ国を手に入れた時点で、信長は百二十万石ほどの経済力を持っていました。

信長は、その経済力をもって、美濃を攻めるのと同時進行くらいの速さで、次は伊勢《いせ》の北のほうにも侵攻し、自分の支配下に置きました。伊勢の国全体で、だいたい六十万石の石高が見込めるため、その半分である北伊勢にはざっくり三十万石くらいの石高があったと考えられます。この時点で、信長は全部で百五十万石ほどの石高を領していたわけです。

石高百五十万石を、兵士の数に換算すると、およそ四万人を動かせるほど巨大なものです。日本列島の中でも、尾張や美濃、伊勢という国々は非常に豊かだったからこそ、それだけの兵を抱えることができたのですが、当時、四万人もの軍勢を動かせる戦国大名は、信長のほかにいませんでした。

たとえば、名将として知られる山梨県・甲斐《かい》の武田信玄の石高は、どうだったのでしょうか。武田信玄が戦国大名として出発したとき、甲斐は武田家の支配下にありました。その後、彼は十年の歳月をかけて、隣にある現在の長野県・信濃《しなの》の国も支配しました。ところが、そこに上杉謙信という戦争上手がちょっかいを出してきたせいで、信濃の防衛を固めるために、さらに十年ほどかかりました。結局、信濃が信玄の領地になった頃には、最初に戦争をはじめてから、約二十年が経っていたのです。

では、肝心の石高はどうだったのかというと、山梨県の甲斐はたったの二十万石です。さらに、信濃は領地面積こそ広いのですが、山ばかりなので石高はたった四十万石。つまり、優秀だとみなが認める武田信玄も、石高は合わせて六十万石ほどしか持っていなかった。これは、兵力にして一万五千人。頑張っても二万人が限度です。

対する信長は、二十七歳くらいのときに、すでに尾張の六十万石を所有し、さらに勢力を拡大させて、三十代半ばで四万人の軍勢を持つ百五十万石の戦国大名へと成長しました。

そう考えると、信長がどれほどのスピード感で巨大な力を得たのかがよくわかります。彼が、その勢いで「日本列島全体を武力で統一するのだ」と言ったとしても、ちっとも絵空事とは思えません。

「岐阜」という名前は、周《しゅう》の文《ぶん》王に由来するものだった

もうひとつ、織田信長が「天下＝日本列島」だと考えていたとされる理由は、ほかにもいくつかあります。

ひとつが、信長が使っていた花押《かおう》です。花押とは、当時の人々が署名の代わりに使用していたサインのようなものですが、彼が使用していたのは、「麒麟《きりん》」の「麟」という字をデザインした花押でした。麒麟は想像上の動物で、この世が平和に治められたときに、天

の神様がそれを祝うために、地上に送られる霊獣とされていました。

　また、もうひとつ注目すべきは、稲葉山城につけた「岐阜《ぎふ》」という名前です。この名前は、「周《しゅう》の文王《ぶんおう》、岐山《きざん》より起り、天下を定む」という中国の故事に由来があります。この文句は、周の名君として知られた文王が、岐山から、天下統一を働きかけたことを意味します。

　周の文王とは、中国殷《いん》代末期の人物で、儒家である孔子《こうし》が「理想的な君主」と称し、生涯尊敬し続けたことでも有名です。かつて文王は、当時中国大陸の一番中心にあった殷の紂王《ちゅうおう》に仕えていました。ちなみに、紂王は暴君として有名な人物です。本来ならば文王は殷を倒すだけの力を持っていたにも関わらず、君主への礼を重んじる儒学の教えを忠実に守り、家臣として紂王に仕え続けたのです。その後、文王の跡を継いだ息子の武《ぶ》王の時代になると、周は殷を滅ぼし、新たな王朝を樹立した……という経緯があります。

　さて、信長が新たに名付けた「岐阜」の「阜」は、小高い山、すなわち小さな山を表します。つまり、周の文王が起点とした「岐山」と、信長が美濃の拠点に据えた「岐阜」は同じ意味を持っている。つまり、信長は「岐阜」という名前を城につけたことで、「俺こそが現代の文王だ」と主張しているのです。

三つのグループからなる「天下＝畿内」説論者たち

天下布武。麒麟。周の文王。この三つのキーワードが揃えば、信長が日本列島を統一し、平和な世の中を作ろうとするメッセージが、垣間《かいま》見えるはずです。だからこそ信長が日本列島の統一を考えていたことは、僕たちの大先輩から語り継がれて、多くの歴史学者たちが支持してきた「定説」とされてきました。

しかし、先ほどご紹介したように、この「信長は日本列島の統一を目指していた」とする定説をひっくり返し、「信長が統一を考えていたのは、日本列島ではなく、畿内である」とする研究者が増えており、昨今では、むしろそちらの意見のほうが強くなってきています。

なぜ、こうした意見を持つ人たちが存在するのか。僕の分析では、この「定説反対派」は大きく分けて三つのグループから成り立っています。

まず一つは、唯物史観（マルクス主義的歴史観）を信奉している研究者たちです。彼らは「歴史を動かすのは民衆である」という考えを強く持っています。よって、織田信長が、戦国時代をリードする英雄であることを否定したいのだと思います。

二つ目のグループは、「京都こそ日本の中心である」という論を重視する研究者たちです。主に京都大学出身の方々をはじめ関西圏で研究をしている人たちが、この論を支持する傾向が強いと僕は考えています。

そして三つ目が、冒頭でもご紹介したように「人と違うことを言ったら目立つだろう」と考えているグループです。この人たちは、客観的な歴史分析や検証もそこそこに、より奇抜な持論を展開することで、注目を集めようとする傾向があります。

三つのグループの人々の主張としてあるのは「織田信長が使った天下布武という言葉にある〝天下〟は、京都限定の話である。だから、天下布武というのは、『京都やその周辺の秩序を俺が武力を使って守る』『あるいは、室町幕府を重んじ、京都の秩序を再興するぞ』と意味しているに過ぎない」というものです。

この説によれば、信長は天下統一を目指していたのではなく、京都中心に物事を考えていたことになります。

確かに当時、「天下」という言葉を、「京都」の意味で使う例がないわけではありません。たとえば、豊臣秀吉が小田原攻めの後、京都に帰ってきた際、「天下に帰ってきた」との言い方をしています。こうした事例を抽出すれば、天下布武を「京都もしくは京都を中心とした政治秩序」と捉えることは不可能ではありません。

また、天下布武のハンコを使い始めてから二年後のこと。信長は足利義昭《よしあき》（一五三七〜一五九七年）を担いで、京都に上洛を果たし、形の上で室町幕府を再興させます。こうした根拠だけをつなぎ合わせれば、信長は京都を守ろうとしていたと考える人が出ても理解はできます。

そうなれば、阿波《あわ》国に本拠地を持ち、室町幕府体制を維持するため、畿内に兵を送った三好長慶《みよしながよし》や、さらに遡って、京で活躍した細川政元《ほそかわまさもと》などと、織田信長はほとんど変わらない存在になります。戦国のヒーローと思われていた信長は、実は英雄にあらず、という結論に至るのです。

しかし、「天下＝京都」説を掲げる研究者たちが言うように、室町幕府の再興が、信長の本当の狙いだったのかは、僕にはかなり疑問です。従来の定説である「天下布武は日本列島全体を意味していた」説からは、室町幕府を再興したのはあくまで方便の一つに過ぎないとの反論が容易に出せるのです。

頼朝は「天下」という言葉をどういう意味で使っていたか？

では、ここからは、「信長は畿内の秩序を整えることを目指していた」との説に、僕なりに反論していきたいと思います。

まず、最初に指摘したいのが「もし、信長が畿内のことだけを考えていたのであれば、どうして戦国時代は終わったのか」という点です。これは、非常に大事なポイントです。仮に、織田信長が大勢いた戦国大名の中の一人に過ぎないというのであれば、なぜ彼の出現によって戦国時代は終わりを告げたのか。もし、信長が畿内の統一しか考えていない戦国大名だったとしたら、なぜ彼の動きによって列島の戦国時代が終わるのかを説明できず、「単なる偶然だった」としか答えようがなくなります。でも、偶然性に頼るのは、あまりに説得力がない。これが、僕が考える、新しい定説に対する最初の反論です。

第二の反論としては、「天下」という言葉は、決して、この時代にだけ使われていた言葉ではないという点です。

我々にも馴染《なじ》みのある「天皇」という単語は、「天の下しらしめす大君」を意味します。「天の下」というのは天下です。ここで「天下＝京都」ととらえるのであれば、天皇は京都だけを支配したことになってしまいます。その説を唱えるのならば、古代の研究者と喧嘩する覚悟で臨む必要があるでしょう。

歴史上において、必ずしも天皇が日本列島全体をきっちりと支配していたとは思いません。でも、少なくとも天皇は日本列島全体の王様であり、天皇に肩を並べる存在はいなかったはずです。だとすれば「天の下」は京都や奈良だけを指すのではなく、日本全体を意味しているはずです。

鎌倉時代、源頼朝は後白河上皇に対抗する際に、「天下草創」という言葉を用いて、貴族に手紙を書いています。「今は世の中が大きく変わるときだから、お互いに頑張りましょう」との意味で用いられたと、解釈されています。仮に、もしこの言葉が「天下＝京都」だと考えるのであれば、「今は京都が変わるときだから、頑張りましょう」の意に変わります。ですが、頼朝は鎌倉にいるので、大きな矛盾が生じます。もしも、頼朝や当時の貴族たちが、「天下とは京都だけだ」と認識しているのであれば、頼朝もこんな言葉は使わなかったでしょう。

なお、室町時代にも「天下」という言葉は使われますが、この際も「京都」ではなくて「日本全体」を指して使われています。そう考えると、信長の時代だけが、「天下＝畿内」

と考えるのはおかしな話で、素直に「天下＝日本全体」を意味すると捉えるほうが自然です。

「天下＝京都」ならば、信長は越前の朝倉氏を攻める必要はなかった

また、この問題を論じる上では、信長の軍事的な戦略についても考慮すべきだと思います。

そもそも、「将軍権力」とは何でしょうか。復習になりますが、室町幕府が始まった当初、足利尊氏は軍事を担当し、弟の直義は政治を担当しました。一方は軍事、もう一方は政治。この両輪が合わさることで、将軍権力が成立するのです。

戦後の日本は、太平洋戦争で手痛い敗北を喫《きっ》しました。この戦争によって三百万人が亡くなり、以来、日本では軍事の研究をやめました。歴史学においてもそれは同様で、軍事の研究はタブー視されています。

ですが、この軍事のタブーを取り外して考えたときに、新たな真実が見えてくるはずです。

京都へと上洛し、形の上だけで室町幕府を再興した後、信長は最初にどこに攻め込んだのか。つまり、信長は誰を最初に敵と認定していたのか。それは、現在の福井県にあたる越前《えちぜん》の朝倉《あさくら》です。もしも、信長が「天下＝京都や京都周辺、すなわち畿内」と考えていたのであれば、畿内から離れた福井を攻める必要はなかったでしょう。

もっとも、越前の朝倉氏が京都に強い影響を及ぼしていたのであれば、信長が「天下＝畿内」と考えていたとしても、朝倉を攻める必要があったかもしれません。でも、朝倉の当主の義景《よしかげ》は、越前の引きこもりのような存在で、自ら「京都とは関係を持ちたくない！」との姿勢を貫いていました。実際、足利義昭が越前の一乗谷《いちじょうだに》に行って助けを求めた時も、あっさりと「自分たちは京都とは無関係です」と断っています。

朝倉に袖にされた足利義昭は、やむなく一乗谷を出て、織田信長の所に転がり込み、「俺を京都に連れて行ってくれ」と泣きついた。この有名な史実が物語るように、朝倉は京都に無関心だったのです。また、当時は、北陸本線のサンダーバードもないので、京都に気軽に来られるような状況でもありませんでした。

もし、仮に「天下＝京都とその周辺」との説に立つ場合、信長の軍事行動は理解ができません。彼が朝倉を攻めたのは、日本全体を治めようと考え、その基本として、自分の領土を少しでも広げようという戦略を取っていたからだと考えられます。越前は美濃に隣接しています。領土を拡大するなら、越前侵攻はリーズナブルです。

畿内周辺について、明智光秀《あけちみつひで》に丸投げだった織田信長

もう一つ、「天下＝畿内」説への反論の根拠となるのは、比叡山焼き討ち後に、織田信長が明智光秀に任せた人事についてです。

信長は、比叡山を焼き討ちにし、何千人もの僧侶を殺したことでも知られています。なぜ、彼がここまで徹底的に比叡山を攻撃したのかというと、当時、比叡山は、京都の経済に大きな影響力を持っていたからです。

比叡山の門前町である近江《おうみ》（滋賀県）の坂本には、「馬借《ばしゃく》」と呼ばれる人々がいました。現代風にいえば、坂本は宅配便の一大センターのようなもので、全国各地から荷物が集められている場所でした。その頃は、日本海交易が大変に盛んだったので、福井県の小浜《おばま》や敦賀《つるが》に荷揚げされた荷物が、琵琶《びわ》湖を通じて船で運ばれます。その荷物を、比叡山の門前町である坂本まで運び、馬に乗せ、大消費地である京都に運ぶ。これが、当時の代表的な

商業運搬のあり方でした。比叡山は門前町である坂本に関所を置き、税金をとることで、京都の経済を支配していたのです。

信長が比叡山を焼いたのは、この利権を奪い取り、京都の経済を支配するためでした。焼き討ち後、新たに坂本を統治するために城主として選ばれた人材こそ、明智光秀《あけちみつひで》です。以前、光秀は京都奉行の一人だったので、京都にも詳しい。だから、「光秀、京都をしっかり頼むぞ」と抜擢したのでしょう。

ここで重要なのは、信長はせっかく手に入れた比叡山坂本を自ら治めず、部下に丸投げしているという点です。

また、坂本を確保することで京都の東側は支配できるものの、西側はガラガラのままです。当時、京都の西側には細川が治める丹波《たんば》国がありました。京都を攻める際は、ここに兵を集めるのが室町時代の常套手段だったので、細川は丹波国は他の大名に絶対に渡さず、本家がずっと守り抜いています。

もし、信長が畿内のことを考えたのであれば、越前の朝倉を攻めるのではなく、真っ先に丹波を攻略すべきです。でも、彼はそうはせず、こちらも再び、「自分一人で丹波を落とせ」と明智光秀に丸投げしています。

丹波攻略に成功した光秀は、亀山《かめやま》に城を築き、自分の本拠地にしました。これによって、明智光秀が京都を東西から挟み込む形で、京都支配が完成します。

ですが、本当に「天下布武」が京都の統治を意味するのであれば、本来は光秀一人ではなく、信長自身が丹波を支配するべきです。でも、信長は光秀に京都周辺を任せきりで、自ら動いてはいません。「天下布武＝京都とその周辺を信長が押さえること」と考えるのは、軍事的な理解の上でも矛盾が生じます。

信長は「天下」、すなわち「日本全体」の統一を目指していた

では、なぜ比叡山を焼き討ちにしたり、室町幕府を再興したりするほどに、信長は京都を重視したのか。それは、彼が室町幕府の再興に意義を認めていたなどという、政治的な理由ではなく、経済的な理由だったと僕は思います。

京都が商業経済の中枢だったからこそ、京都の富を吸収することに信長は注力したのではないでしょうか。これは、足利尊氏が室町幕府を開くときに経済を重視し、京都に拠点を構えたのと同じ理由です。その証拠に、信長は京都のみならず、経済都市として知られ

た堺《さかい》も支配しています。畿内に彼が期待していたのは、商業経済であり、京都を支配することで、富を蓄積したかったのでしょう。

研究者たちは古くは、「信長だけではなく、ほかの戦国大名たちも上洛して、将軍や天皇を担《かつ》ぎ、日本全国に号令したいと考えていた」と考えていました。でも、信長の場合は、結果的に将軍や天皇を手中に収めたからこそそう言われるだけであって、戦国大名が全員上洛を目標にしていたわけではないはずです。

この「戦国大名は上洛を目指していた」との考え方が生まれた大きな要因は、幕末の思想家・頼山陽《らいさんよう》の『日本外史』が原因だと思います。この本は、幕末の志士の愛読書でもありましたが、本文中で、当時の戦国大名たちは憧れの京都を目指しており、京都を占領して政治的に力を得て、天下統一を考えていたとの描写がなされています。ですが、あくまで頼山陽の頭の中でその図式が展開されただけで、実際に信長がそんな気持ちから上洛したとは僕には思えません。

信長の目標は日本全体の支配であった。そのためには、自分の力を強めることが必須だったので、勢力を拡大するためには、畿内よりも越前を攻めるべきだと決めた。室町幕府や天皇、朝廷を担ぎ上げたのも、あくまで形式的なもので、信長はあまり価値を認めていなかったのではないかと考えます。

マルクス主義的な歴史観を持つ研究者が「織田信長は英雄にあらず」とは言っても、彼が大きな仕事をしたことは間違いありません。京都を重視する研究者たちが「信長は京都を重視していた」とおっしゃったとしても、彼が重視していたのはあくまで経済であり、朝廷や室町幕府ではありません。「他人と違うことを言えば目立つだろう」という研究者が提唱する説にも、当然ながら賛同はできません。

やはり、信長にとっての「天下布武」は、日本全体を意味すると考えるほうが、理に叶っているわけです。よって「信長は天下、すなわち日本全体の統一を目指していたのだ」とする先人たちが掲げた定説こそが、明らかに説得力があり、正しい。そう僕は思います。

第11章　異なる「江戸幕府成立年」の定義

古代、中世、近世、近現代――「日本史四分割法」

日本史研究をする上で、大前提になっているのが、日本の歴史を、古代、中世、近世、近現代の四つの期間に分けて研究する「日本史四分割法」です。

古代は上古から平安時代まで、中世は鎌倉、室町時代、近世は江戸時代、近現代は明治時代から現代まで、と時代が区分されています。

大学に入って日本史を専門的に勉強しようとする人ならば、よほどのことがない限り、四つの区分のどれかを研究するゼミに所属し、卒業論文を書いて、卒業していきます。「古代と中世」「近世と近現代」などと、二つの時代にまたがって研究をする人は、めったにいません。

とはいえ、日本の歴史を四つの時代に分けるこの手法は、昔からあったわけではなく、非常に便宜的なもので、始まったのは明治時代です。近代的な日本史学が生まれる中で、四分割法が徐々に取り入れられ、現在でも維持されるようになりました。

四分割法が支持されてきた大きな理由には、史料の性格があります。専門的に日本史学を研究するときには、史料を読むトレーニングが必要になります。「史料を読む」という行為の有無が、一般の歴史好きな方と学問として歴史を勉強する人の大きな違いであり、専門的に歴史を勉強する以上は、いかに史料を解読するかを先生や先輩から必ず叩き込まれます。

古代と中世、江戸時代、近現代の史料は、それぞれまったく性格が違います。たとえば、文体にしても、明治維新初期に明治政府が公式に発表している文書の文体は、案外古代の文体に似ています。それはどうやら、明治政府が古代の史料に似せた文体を使っているから、との理由もあります。史料には、時代ごとに独特の文体や言い回し、形式、スタイルがある。だから、時代ごとに特化して史料を読んだほうが、都合がいいのです。

史料の分量も、時代によって大きく差があります。僕が研究する中世の古文書の場合、研究者が真面目に勉強する気持ちを持ち、毎日毎日コツコツ読んでいったならば、一生をかけて大体すべての古文書に目を通すことができるくらいの分量だと言われています。古文書が大好きで毎日苦にならずに読んでいる人なら一生を終える前に読み終わってしまうかもしれないし、怠け者の研究者の場合は一生のうちに全部を読み切ることはできないかもしれない。ある意味、一人の研究者にとって、ちょうどいいくらいの史料が存在すると言われています。

ところが、古代の場合、古文書がわずかしかありません。古い時代のものですから、残っていないのは当たり前といえば当たり前です。一方、近世、すなわち江戸時代になると、今度は山のように史料が残っています。大げさにいえば、毎日、日本のどこかで江戸時代の古文書が捨てられていると言ってもいいほどです。中世の古文書の場合は希少価値が高いので、売ればお金になるため、さすがに捨てる人はあまりいません。でも、近世のものは量が多いこともあり、なかなか値段が付かないため、持っている人は平気で捨ててしまうことも多いのです。ひどい場合、ヤフオクで江戸時代の貴重な古文書が売られていることもありました。

本来、こうした史料はアーカイブしてきちんと取って置かなければならないのですが、近世と近代に関しては、量が膨大《ぼうだい》すぎてなかなか整理も難しい。よって、非常に多くの史料がきちんと保存されていないのが実情です。

「隣の時代」は荒らさないという日本史学の不文律

史料の性格は四つの時代それぞれによって違うので、史料をしっかり読むトレーニングを受けることが、歴史研究者の必須要素です。そして、その時に受けたトレーニングが一番の基礎になり、各人の学問を築き上げていくことになります。

少し過剰な表現を恐れずに言うならば、史料の読み方に大きな違いがあるため、自分の専門以外の時代を研究している人は、もはや違う学問の研究者というくらいの感覚があります。たとえば、僕のような中世史の研究者にとっては、近世の歴史学よりも、中世の国文学の研究のほうがよほど馴染みのある学問に感じられます。

僕が所属している東京大学では、当たり前ですが、非常にさまざまな分野の研究がなされています。でも、中世の歴史家の先生たちが、中世の考古学や国文学、宗教学を勉強することはあっても、古代史や近世史に言及することはあまりありません。「縄張り荒らし」になってしまうからでしょうか。他人のテリトリーに無神経に手を突っ込むのは、エチケットに反する。だから、自分の隣の時代の研究はやらないというのが、歴史学における仁義かもしれません（僕の場合は、その不文律に負けずに、時代をまたいでいろいろとやるものだから、歴史界隈での評判が悪くなってしまうのでしょうか……）。もっとも、真面目に勉強している人がほかの時代を研究すると、専門家ではあっても研究を疎《おろそ》かにしている人に比べて、よほどおもしろい成果を出すことは多々ありますが。

タコつぼ化しやすい、日本の歴史学

歴史を四分割し、専門外の時代には手を出さないという不文律があるということは、日本史をすべて一貫して研究している人がいないという問題点でもあります。もちろん歴史研究者の誰もが、日本の歴史を通して記した「通史」を構築する必要性をよくわかっています。でも、通史は、そう簡単にできるものではないため、誰か一人の日本史の先生が日本通史を作った事例は、今のところありません。これまでで一番通史に近いものといえば、三人の卓越した歴史研究者（義江彰夫《よしえあきお》、水林彪《みずばやしたけし》、宮地正人《みやちまさと》）が、それぞれが専門とする時代を分担して日本通史に挑戦したケースです。

この事例を見ても、日本史学においては、「隣の時代にはあまり口を出さない」というのが言わず語らずのマナーと見なされているようです。こうした現象は専門性を重んじているようでいて、「学問のたこつぼ化」を進める要因にもなっているように僕は思います。日本の学問は、なぜか専門が狭ければ狭いほどに偉いのだというよくわからない思い込みがあり、「広く学問を勉強している人は胡散臭《うさんくさ》いし、底が浅い。だから、あいつの話は眉唾《まゆつば》ものだ」と考えられやすいのです。

でも、必ずしも範囲の狭い研究を、ひたすら掘り下げることが正しいのでしょうか？

たとえば、アメリカの大学でいかに「日本中世史の研究をしています」と言ったとしても、それだけでは食べていけないし、教授にはなれません。現在、アメリカにいる僕の友人に、日本の「侍」をテーマに研究している歴史研究者がいます。彼は自分の研究に加えて、日本の古い言語のほか、中国語や韓国語もマスターし、各国の古い文献を読みこなし、大学の講義では日本史のみならず、中国史や朝鮮史も教えています。そのくらい幅広い研究をしていないと、アメリカでは教授になれないのです。

狭い範囲だけを掘り下げたほうがよいのか、幅広い分野の知識を持っているほうがいいのか。果たしてどちらがよいのでしょうか。本章でこれからお話する「江戸幕府はいつできたのか」に関する定説は、まさにこうした日本史研究の特徴的なスタイルによって生み出された定説ではないかと僕は思っています。

なぜ、中世と近世では「幕府の成立年」の定義が違うのか？

現在、江戸幕府の成立年は一六〇三年とするのが日本史の定説です。

これは、徳川家康が征夷大将軍に任命された年です。しかし、ここで今一度問題提起したいのが、江戸時代以外の幕府は、何をもってして「幕府が成立した」とみなしているかという問題です。幕府とは江戸時代固有のものではなく、源頼朝が開いた鎌倉幕府や足利尊氏が開いた室町幕府などの「幕府の先輩」が存在します。これらはすべて同じ「幕府」という呼び方をしているのだから、「幕府の成立」についてのフォーマットも統一するべきという話が出てくるのは当然です。

ところが、「隣の時代には口を出さない」のが歴史研究者間でのエチケットとみなされているため、各時代の幕府の成立条件については、すごく奇妙なことが起きています。

まず、中世では、少し前までは源頼朝が征夷大将軍に任命された一一九二年が、鎌倉幕府が開かれた年次だとされていました。室町幕府についても同様に、足利尊氏が征夷大将軍に任命された一三三八年が、幕府の成立年だと考えられていました。

ところが、中世では、「征夷大将軍になったから幕府ができたのだ」とする考え方ではなく、もっと実態を伴った成立年にするべきだという見直しが行われています。いうなれば、源頼朝が征夷大将軍になったとき、頼朝にはどんな権限を与えられ、何ができるようになったのか。実は何もないじゃないか。つまり、実態としては、頼朝の征夷大将軍任命には大きな意味はなかったのではないか、と疑問を持つ人が増えてきたのです。室町時代についても、足利尊氏が征夷大将軍になったものの、征夷大将軍になる前の尊氏となった後の尊氏では、特に変化はありません。つまり「征夷大将軍」とは、あくまで形式的なものである。ならば、もっと実態が伴った出来事を幕府の成立年として考えるべきではないか。「本音と建前」でいえば、「もっと本音を見るべきだ」と考える人が増えてきたと言えるでしょう。

第2章でもお話したように、現在、鎌倉幕府の成立年については一一八五年説が定説とされていますが、正直なところ、誰がこの説を支持しているのかよくわからない状態ではあります。とはいえ、その年に源頼朝によって、全国に守護が置かれ、各荘園に地頭が置かれ、鎌倉幕府の力が全国に及ぶ契機になったことは間違いない。それによって、鎌倉幕府ができたのだと考える解釈は、十分に成り立つと思います。

各時代の担当者同士が、話し合わずに作られる「歴史教科書」

鎌倉幕府の成立年の変更に伴い、「鎌倉幕府は源頼朝が征夷大将軍になったことで幕府が開かれたという考え方をやめたのだから、室町幕府についても足並みを揃えて見直そう」という動きが生まれました。そこで、足利尊氏が征夷大将軍になる前後の変化を検証したところ、先述したように特に何も変わらないことが明らかになった。ならば、室町幕府はいつできたのかを再検証した末、新たに成立年として有力になってきたのが、一三三六年です。この年は、尊氏が征夷大将軍になる二年前で、室町幕府の憲法である建武式目が制定された年です。建武式目が作られたという話も、あくまでシンボリックなもので、どこまで実態が伴っているのかは検証の余地が必要だとは思いますが。

もっとも、「成立年」については、教科書では必ず触れられる話なので、混乱を招かないためにも、どう考えても「幕府の成立年の定義」については、統一性を取るべきです。「中世には中世の教え方があるし、近世には近世の教え方があるのだ」と言うのは簡単ですが、教わるほうの子どもたちも面食らってしまいます。それぞれの幕府が成立する経緯には、多少の違いはあるだろうけれども、統一的なところをしっかり踏まえていれば、違いすらも生きてくるはずです。だから、教科書を作るときには、中世の担当者と近世の担当者が話し合うべきじゃないのかなと僕は思います。

しかし、先にも触れたように、教科書を作る際は、古代、中世、近世の専門家が、各時代を分担執筆しますが、「他の時代のことは他の先生に任せておきましょう」という不文律があるため、各時代の担当者たちが話し合うことはほとんどありません。教科書を作る際に、担当者たちから「統一すべきところは統一しましょうよ」という提案があったという話は、僕自身は聞いたことがありません。

だからこそ、中世の幕府成立年が変わっても、いまだに江戸幕府が成立した年は、徳川家康が征夷大将軍になった一六〇三年であると教科書にも堂々と書いてある状態が続いているのです。

鎌倉時代と江戸時代、どちらが朝廷の力が強いのか？

しかし、徳川家康が朝廷と関係を持ち、征夷大将軍に任命されたことを、江戸幕府の成立年とすること自体が、僕はおかしいと思っています。

そもそも、源頼朝の時代の朝廷や天皇の力と徳川家康の時代の朝廷や天皇の力は、どちらが大きかったのか。それを考えてみれば、征夷大将軍に任命されたことをもって幕府が成立したとみなすことの不思議さが良くわかります。

源頼朝が生きた時代と徳川家康が生きた時代を比較すると、どう考えても、前者のほうが朝廷の力は大きいはずです。朝廷の力が強力だった時代に、頼朝は関東の田舎で幕府を作ったからこそ、成功しました。もしも、頼朝が平清盛のように京都で朝廷と対抗しながら武士の政権を作ろうと試みたなら、平家政権のようにあっという間に潰れてしまったはずです。頼朝はそれを恐れていたからこそ、朝廷の影響をかわすために、鎌倉で細々と幕府を立ち上げることを決めたのです。

では、徳川家康の時代の朝廷の力は、どんなものだったでしょうか。一六一五年に、徳川家康は「禁中《きんちゅう》並《ならびに》公家《くげ》諸法度《しょはっと》」を制定し、「天皇が関わるのは学問だけにしておきなさい。天皇は政治と経済にタッチしてはいけません」と上から目線で宣言しているわけです。これと同じことを、鎌倉幕府を立ち上げた頃の源頼朝がやろうとしても、決して実現しなかった。そう考えれば、鎌倉幕府と江戸幕府で比較すると、鎌倉時代のほうが朝廷の力がはるかに強かったはずです。

さらにもう一歩思考を進めて、朝廷の力が強かった鎌倉時代に征夷大将軍に任命されるのと、朝廷の力が弱かった江戸時代に征夷大将軍に任命されるのと、どちらが重い意味を持っているのかを考えれば、当然、鎌倉時代のほうがその意味は重くなります。ところが、より朝廷の威光が強いはずの中世を研究する人々の間で、「征夷大将軍に任命されたことで幕府ができたとするのは、建前に過ぎない。だから、征夷大将軍の任命によって、鎌倉幕府ができたと考えるのはやめよう」と言っているにもかかわらず、相変わらず近世では、一六〇三年をエポックメーキングな年として考えている。これはどう考えても矛盾ではないかと感じます。

徳川家康が全国の武将と主従関係を結んだ一六〇〇年

では、実態を伴った江戸幕府の成立年とは、いつなのでしょうか。僕は、そもそも論として、「徳川幕府ができたというのは、どういう意味を持つか」を考えるべきだと思っています。

当時の徳川家康と他の大名たちは、どんな関係を持っていたのか。その前提があってこそ、はじめて「幕府とは何か。将軍権力とは何か」が理解できるのだと思います。ところが、江戸時代の研究者の方から、そうした話を聞いたことは、残念ながらありません。

では、将軍権力とは何か。中世の研究者である東京大学の佐藤進一先生は、「将軍権力とは、軍事と政治だ」と簡潔に言い切りました。

政治は説明の必要もありませんが、軍事は戦いを意味します。命をかけて戦った代償として、主人からご褒美をもらうことができます。具体的には、主人が土地を与えてくれる。そこではじめて、主従関係が生まれます。つまり、将軍権力と主従関係というものは、切っても切れない要素です。

江戸幕府にしても、諸大名が徳川家康に「私はあなたのために戦います」と忠誠を誓い、それに対して徳川家康が「では、お前にはこの土地を与えよう」と約束する。それが、将軍の役目であるはずです。ならば、徳川幕府が開かれたのは、征夷大将軍に任命されたことよりも、全国の大名たちが徳川家康の元に集まり「私を家来にしてください。私たちは徳川様を主人と仰ぎます。徳川様のためにいつ何時でも命を投げ出して戦います」と約束したタイミングではないかと僕は思います。

諸大名が徳川家康のために命を投げ出して奉公すると宣言したのはいつなのか。それは、「関ヶ原の戦い」の前後です。戦いに勝利した徳川家康は、それぞれの功績に見合う形で、褒美をあげたり、土地を没収したりということを始めます。これは、「論功行賞《ろんこうこうしょう》」と呼ばれます。その際、家康から「君は私のために一生懸命戦ってくれたので、ご褒美として、新しくこんな国をあげましょう」と褒美をもらった武将もいれば、「あなたは私の敵に回ったので、お城と領地は没収です」と領地を没収された武将もいます。さらに、「あなたは私の敵に回った上に、色々まずいことをやったようですね。腹を切ってください」と切腹を命じられた武将もいました。

もし、彼が「関ケ原以前の徳川家康」だったら、この命令は成立したでしょうか。関ケ原以前の徳川家康は、豊臣秀吉というご主人様の下にいる番頭に過ぎませんでした。家康は秀吉の家来たちの代表ではあったかもしれません。もし、ほかの家来たちが家康とすれ違えば挨拶はするけれども、彼らの間には上下関係はありませんでした。ヤクザの世界でいえば、秀吉が親分で、家康が若頭のようなものです。

しかし、関ヶ原の戦いの後、事態は一変します。本来は、子分たちの処遇は親分が決めるものですが、関ケ原の後、武将たちの処遇を決めた時点で、明らかに親分は家康です。秀吉との間に交わした盃《さかずき》を破棄して、武将たちみんなが関ケ原の後には家康と盃を交わし、子分になった。

もしも、この時点で主従関係が成立していないのであれば、関ケ原の後に家康に相対した末に、家の取り潰しや切腹を命じられた武将たちが、おとなしく従うはずがありません。

命はひとつしかないのに、なぜ腹を切ってしまったのか。なぜ、家や財産を、おとなしく家康に取られてしまったのか。それは、周囲の人間が家康の命令に従ったからです。仮に自分が従わなければ、周囲の人間が許してくれない。だから、従うしかない状況だったのです。

つまり、一六〇〇年の段階で家康に切腹を命じられ、それに従う大名が出てくるということは、この時点で彼は武将たちの生殺与奪《せいさつよだつ》の権利を持っていたと考えるべきです。家康は、そんな馬鹿なことはしませんでしたが、やろうと思えば、この時点でどの大名に対しても切腹を命ずることができた。両者の間に主従関係が成立しているからこそ、関ケ原が終わった一六〇〇年の時点で、徳川将軍による幕府はできあがっていたと考えるべきなのです。

関ヶ原の戦いで敗北し、大坂城が占拠された段階で豊臣政権は終わりを迎えました。たしかに、このあと、家康は大坂や伏見《ふしみ》に長く滞在したので、江戸には帰っていません。その後、一六〇三年の征夷大将軍就任をきっかけに、家康は江戸へ戻っていきます。これをもって、「やっぱり一六〇三年に江戸幕府が開かれたのだ」と考える人もいるかもしれませんが、畿内は、織田信長や豊臣秀吉の時代を通して、長い間政治の中心地だったからこそ、それだけ自分の手中に収めるのに時間がかかったと見るほうが自然です。
先に挙げたように中世史における幕府の理解と統一性を取るのなら、やはり僕は、江戸幕府成立は一六〇〇年が正しいと思います。

徳川家康と豊臣秀頼による「二重公儀《こうぎ》体制」

近世の定説について、僕が江戸幕府の成立年のほかに気になっているのが、「二重公儀《こうぎ》体制論」と呼ばれるものです。これは、まだ「定説」とは言い切れないものの、近年、近世の先生方の間で、徐々に支持を唱える人が増えている学説です。内容としては、関ケ原の戦いから大坂の陣までの約十五年間には、日本には公儀が二つあった。すなわち天下人が二人いたとする考え方です。

この解釈では、天下人の一人は、徳川家康。そして、もう一人は豊臣秀吉の後継者である豊臣秀頼《ひでより》です。この二重公儀体制に基づき、近年では江戸と大坂の二つの都市に武士の都があり、徳川が江戸で力を振るう一方で、豊臣は大坂でかなりの力を持っていた……と考えるのです。

この論を考える上で、我々は、今一度歴史の原則である「将軍権力とは何か」という議論に、立ち戻ってみましょう。先にも挙げたように、将軍権力とは、一つは軍事、一つは政治です。この両者を持つことで、はじめて「将軍」たりうるわけです。

では、豊臣秀頼は、「政治」に何か影響を与える部分はあったでしょうか？　正直言って、秀頼は日本列島全体に影響を与える政治など、何もやっていません。ならば、「軍事」はどうでしょうか？　軍事についても、彼は全く何もやっていません。

二重公儀体制を支持する研究者の中に、「大名たちが大坂にいる秀頼の元に挨拶をしに行っていたこと」を挙げる人もいます。その当時、諸大名はしばしば江戸行きを求められていました。これが後に制度化され、「参勤交代」という仕組みになるわけですが、大名の中には、江戸へ行く道中、必ず大坂に立ち寄って、秀頼のご機嫌伺いに馳せ参じる者もいました。これが、「みんな諸大名は豊臣氏に敬意を持っていた。だから、二重公儀体制があったのではないか」という考えの根拠になっているのです。

たしかに諸大名が秀頼に挨拶に行くことはあったでしょう。でも、それはあくまで儀礼の範囲です。その挨拶によって、具体的に政治や軍事が動くことはなかった。秀頼と挨拶に来た大名との間に主従関係が結ばれていたわけではありません。

後白河《ごしらかわ》法皇と主従関係を結んだがゆえに、殺された源義経《よしつね》の悲劇

主人以外の人間と別途主従関係を結ぶことは、武士のご法度《はっと》です。

鎌倉時代、源頼朝の弟である源義経《よしつね》（一一五九～一一八九年）は、兄との間に主従関係を持っていながらも、後白河上皇に接近します。そして、上皇から官職をもらうことで、主人と家来の関係を結びました。義経が与えられた左衛門尉《さえもんのじょう》という官職は、現代でいえば警視庁の高級官僚のようなものです。勝手によそで主従関係を結ぶその行為は、頼朝の逆鱗に触れ、義経は滅ぼされました。

頼朝が鎌倉幕府というできたばかりの権力体を守るため、一番重要視していたことは、自分だけを主人と仰ぐ武士を集めることです。武士たちが頼朝のために命を投げ出して戦うからこそ、幕府は成り立つ。仮に武士たちが他にも主人を持ったなら、必死に戦おうとはせず、鎌倉幕府はすぐに崩壊していたでしょう。だから頼朝は、鎌倉幕府を維持するためにも、武士たちに「ほかの人を主人と仰いではならない。私の許可なしに、朝廷から官職をもらってはいけない。もし官職がほしいならば、私に言いなさい。私がおまえを推薦して、朝廷から官職をもらってあげるから」と伝えていました。

義経の場合も、仮に頼朝経由で後白河上皇から官職をもらっていたなら問題はなかったのです。なのに、彼は頼朝を飛ばして、直に官職をもらうというルール違反を犯してしまった。だから、頼朝は、我が弟ながら義経を殺さざるを得なかった。それが彼の悲劇です。

この事例を踏まえた上で、仮に徳川と豊臣の二重公儀体制が成立していたらどうなっていたでしょうか。もし、西国の加藤清正《きよまさ》（一五六二〜一六一一年）や福島正則《まさのり》（一五六一〜一六二四年）といった大名たちが、徳川幕府の家来でもあり、豊臣秀頼の家来でもあるという中途半端な状態にあったなら、徳川政権は成り立ちません。また、家康は、絶対にそれを許さないでしょう。

徳川家康は、全国に点在する『吾妻鏡』を、私財を投げ打って収集した人物でもあります。『吾妻鏡』を通じて、源頼朝が行ったことをしっかり読んで勉強しているため、「幕府を成立させるためには、武士たちの主人は自分だけにしておく必要がある」と、よくわかっていたはずです。まあそんなこと、当時の武士には常識だったでしょうが。

加藤清正や福島正則をはじめとする西国の諸大名たちの中には、豊臣秀吉にお世話になった人がたくさんいます。秀吉が自分を引き上げてくれたから、大名になったという人も少なくありません。そのため、豊臣家に対する恩は十分に持っているでしょう。ですが徳川幕府の大名として生きている以上、主人ではない秀頼にその恩を返すことはありません。

仮に二重公儀体制が成立するならば、将軍権力の在り方を根底から考え直す必要がある。

それを怠っている以上、二重公儀体制は、定説としては認められないと僕は思います。

第12章　「鎖国はなかった説」の盲点

自力で「パンツ」を発明できなかった日本人

日本は幕末まで海外と鎖国をしていた。これは、小学生でも習うような日本史の定説として知られています。しかし、昨今、一部の歴史学者の方々によって「鎖国はなかったのではないか」とする議論が活発化しています。果たして、日本に鎖国は本当になかったのでしょうか?

この話を考える際、いつも僕の頭に浮かぶこと。それは「日本人は、結局パンツを開発できなかった民族なのだ」という想いです。

長い間、日本男子の下着には、ふんどしが使用されていました。ふんどしは名前こそカッコいいのですが、要は反物《たんもの》を巻いただけ。下着としては、パンツのほうが、使い勝手がいいのに、日本人はパンツの発明には思い至らなかったのです。コロンブスの卵のように、少しだけ視点を変えれば、パンツを開発できたかもしれないにも関わらず、です。

この「日本でパンツが生まれなかった問題」は、僕たち研究者にも通じる部分がありま す。研究者は、今までの人たちが考えてこなかった新しい知見に到達しようと、日夜一生懸命研究しています。これまで先人たちが積み上げてきた研究を自分なりに咀嚼《そしゃく》して、新しい史料を見る。今までの研究に、何か新たなものを付け加えようと頑張った末に、新たな知見に到達する。この行為を、大勢の研究者たちが積み重ねることで、学問は進歩していくのです。

とはいえ、必ずしも地道な積み重ねだけから、新たな知見が生まれるわけではありません。時には、先ほどの「パンツ」のように、思わぬ発想の転換から「あれ、そうだったのか！」「なぜこんな単純なことに気が付かなかったのか」と、突然、新たな境地に辿り着くこともあります。指摘されるまでは誰も気が付かなかったものの、言われてみれば、「なんだ、そんなことか」と誰もが思う。そんな盲点は、常に潜んでいるのです。

学者には、「持論」を潰す作業が必要

発想というものは、単に転換させればよいわけではありません。発想を転換させた後は、「自分でその可能性を潰す」作業が、必ず必要になります。

第3章でご紹介したように、承久の乱が起こった際、後鳥羽上皇が出した命令書には「鎌倉幕府を倒せ」とは書かれておらず、「北条義時を討て」と書かれていた。だから、

「実は後鳥羽上皇は鎌倉幕府を滅ぼしたいとは思っておらず、北条義時一人を討てばいいと思っていたのではないか」と考えるのは、たしかに発想の転換です。

でも、ここで一度冷静に考え、「自分でその可能性を潰す」作業が必要になります。

当時は「幕府」という言葉はありません。だから、鎌倉幕府を討ちたいと考えているなら、北条義時を討てと表現するしかないのだとわかります。このように、発想の転換で一瞬すごいことを思いついたように感じたとしても、いざ考え直してみると論が成立しないことは多々あるのです。だから、仮に人と違うことを思いついたとしても、しばらく考えてみて、本当にその発想が正しいのかを検証する必要があるのです。この作業を繰り返した末に生き残った発想こそが、初めて「これが私の考えるコロンブスの卵ですが、どうでしょうか?」と多くの人に共有されるべきだと思います。

第8章で紹介した、足利義教のくじ引き将軍の話も同様です。「当時の人は、本当に神や仏を信じていたのか」を何度も検証した末、僕は、現代人が想像するほどに、神仏を信じてはいなかったのではないかという結論に達しました。その結果、「あのくじ引きは八百長だったのではないか」という説が、僕の中には生き残っています。このように研究者は、自分で持論を作っては潰し、作っては潰し……と言うビルド&スクラップを繰り返していく必要があるのです。

ところが、時には自分で作り上げた説に対して、「潰す作業」を経ないまま、その説に賛同する仲間を作る。「この説は多くの人が支持しているのだから正しい」と、数の力で持論を押し通そうとする研究者が増えています。

新しい事実を見つけること。これは、研究者冥利《みょうり》に尽きます。せっかく自分で見つけた説を、自分で潰すのは忍びないと考える気持ちもよくわかります。だから、仲間を連れてきて、「どうだ、自分の説はすごいだろう」と押し通したくなる。ときには、そこに政治的な思惑が入ってこないとも限りません。余計な要素が混じることで、さらに話はややこしくなっていきます。

近年主張されつつある「鎖国がなかった説」も、おそらくそんな「数のごり押し」によって生まれたものではないか。その疑いを、僕は抱いています。

「鎖国はなかった」と主張する人々の根拠

近世の歴史研究では、「鎖国はなかった」という声が昨今強くなりつつあります。そして、「鎖国」という言葉を教科書からなくそうとする動きも強力です。

僕自身は、「鎖国」という言葉があろうがなかろうが、構いません。たとえば、日明貿易で知られる中国の明《みん》という王朝の場合は、民間人の海上交易を禁止する政策を指して「海禁政策」と呼んでいました。鎖国だろうと、海禁政策だろうと、言い方はなんでもよいのです。大切なのは、「国を開いていたのか、閉ざしていたのか」という疑問をどう扱うかです。

「鎖国はなかった」と主張する人々が指摘する根拠は、当時の日本に「四つの口」があったという事実です。その四つは、松前《まつまえ》、長崎、鹿児島、対馬《つしま》です。

現在の北海道・函館の近くにある松前では、中国の清《しん》朝と情報や交易品のやり取りを行っていました。交易自体は、清朝の人々はロシア沿海州の山丹《さんたん》人を、日本人はアイヌの人々を仲立ちに置くというやり方だったと考えられています。長崎では、オランダ及び清朝との交易が行われ、鹿児島では琉球と、対馬では朝鮮との交易が行われていました。このように「四つの口」が開いていたおかげで、日本にも海外の情報は入ってきていたし、交易はしていたという事実もある。だから、日本は鎖国していないと考えられているのです。

たしかに「四つの口」はありました。でも、それを根拠に、日本は鎖国していないと本当に言うことはできるのか。四つの地域を通じて交易していたからといって、「国を開いていた」ことになるのでしょうか。

ペリーの黒船来航は、アメリカの国家レベルのミッション

もし、本当に日本が国を閉ざしていなかったとすれば、大きな矛盾が生じる出来事があります。

それは、一八五三年のペリー来航です。ペリー（一七九四～一八五八年）がなぜ日本にやってきたのか。それはアメリカ大統領から直々《じきじき》に「日本を開国せよ」とミッションを受けたからです。職務に忠実だったペリーは、日本をどうやって開国させられるかを一生懸命考えました。「日本を開国させること」はアメリカという国を挙げてのミッションだったからこそ、ペリーは日本という国をしっかり研究します。そして、「日本に対しては、下手《したて》に出て丁寧に交渉しても無駄である。むしろ、居丈高《いたけだか》に上から目線で攻め立てたほうが有効だ」と考えました。

そこまで徹底的に研究した末に、ペリーは黒船で浦賀に乗り付けるという交渉手段を取りました。なお、ペリーが乗ってきた蒸気船は、当時の最新鋭兵器です。現代風にいえばステルス機でやってきて、「国を開けろ!」と迫るようなものでしょう。

余談ですが、アメリカにおけるペリーの評価は、「蒸気船の父」という位置づけです。ペリーは父も兄も海軍の軍人であり、兄のオリバー・ハザード・ペリーは、イギリスとアメリカが戦争をしたエリー湖の戦いで素晴らしい指揮をして勝利した人物です。さらに若くして病気で亡くなっているため、その悲劇性からも、いまだに海軍の英雄として語り継がれています。だから、アメリカでは兄のオリバー・ハザード・ペリーのほうが日本を開国したマシュー・ペリーよりも有名で、「ペリー」といえば、日本を開国した弟ではなく、兄を指すことが多いのです。

くだらない話ではありますが、マシュー・ペリーといえば独特な髪型が印象的ですが、実はあれはカツラです。アメリカ文学で有名な『緋文字』を書いたナサニエル・ホーソーンという作家がいますが、彼はアメリカの外交官でもありました。彼がロンドンに駐留しているときに、日本に行く前のペリーに遭遇します。そのときのペリーについて、「彼がカツラをかぶり、非常に若々しい恰好をしていた」とホーソーンは書き残しています。こんな風にペリーは外見にも気を遣い、忠実に職務を遂行していたわけです。

その後、日本開国という大きなミッションをやり遂げたペリーですが、いざ帰国してみれば、時代は南北戦争が始まる直前。彼に日本開国を命じた大統領も、すでに交代していました。大きな仕事を成し遂げたにもかかわらず、その功績は讃《たた》えられることなく、不遇のうちにペリーは亡くなってしまったのです。

「マルクス主義的唯物史観」が導き出す「鎖国はなかった論」

さて、本題に戻り、「鎖国はあったのか、なかったのか」という問題に立ち戻りたいと思います。仮に鎖国がなかったのならば、アメリカの大統領がペリーに「日本を開国せよ」と命じるはずがありません。これはどう考えてもおかしなことです。

では、どうして「鎖国はなかった論」が誕生したのでしょうか。最初に「鎖国はなかった」と言い出したのは、僕の先輩でもある東京大学史料編纂所の荒《あら》野《の》泰典《やすのり》さんという研究者の方です。そして、荒野さんと同世代で同じ志を持つ方々が集まった研究会があるのですが、そこに所属する方々が、盛んに「鎖国はなかった」という説を主張し始めました。

なぜ、この方々が揃ってその主張を始めたのか。その根底には、彼らの世界観があるのかな、あると僕は推察しています。日本の歴史の中で近現代では、欧米の存在感が強烈です。でもそれは一面的ではないか。なにしろ外国とのお付き合いといえば、日本は伝統的にアジアとの交流が最も盛んでした。江戸時代、欧米からの知識といえば、オランダから入って来る程度です。一方のアジアを見ると、清や山丹人、朝鮮、琉球。さらに琉球を通じて東南アジアとも接点を持っていたため、アジアの情報は随時日本に入ってきていました。

これを踏まえて、「江戸時代も、日本はアジアとは深いつながりを持っていたのだ。欧米ばかり強調するのは不当だ」という考え方を持つ人は少なくありません。鎖国がなかったと唱える人たちも、これと同じような世界観を持っているのではないか。当て推量かもしれませんが、それが僕の考えです。

「鎖国」がなければ、明治維新は起きなかった

もし日本に鎖国がなかったとしたら、黒船来航時に、どうしても矛盾する出来事はまだ

あります。

近年、「鎖国はなかった」と提唱する人々の中には、オランダの国王から江戸幕府には「ペリーが日本に向かっているから準備したほうがいい」と連絡があったため、幕府はペリーが日本に来ることはすでに知っており、黒船来航は驚きでもなんでもなかった……という研究者もいます。

また、四隻の黒船が横須賀の浦賀《うらが》沖を訪れたときに、幕府が大きく動揺した様子を表した、「泰平の眠りを覚ます上喜撰《じょうきせん》　たった四杯で夜も眠れず」という有名な狂歌がありますが、これを強調するのは作為的で正しくないとする人もいます。

でも、本当にそうなのでしょうか。

開国を迫られた際、やはり日本人はペリーの蒸気船に大いに驚いたのではないでしょうか。

幕府の首脳陣はペリーの来航を知っていたかもしれません。でも、一般大衆は間違いなく、大きな黒船に驚愕したはずです。

もしも、黒船の来航が、多くの日本人にとって想定内のことならば、その後、江戸幕府が倒れることはなかったかもしれません。明治維新が起こったのは、ペリーがやってきて、

「こんなやつらが世界にはいるのか。このままでは日本は太刀打《たち》ちできずに、彼らの植民地になってしまう」と日本人が慌てふためき、危機感を抱いたからこそです。結果、彼らは、時代遅れな幕府を倒して中央集権国家を作ろうとした。

こうした大きな流れがあるのに、「アジアとは交易があったから鎖国はなかった」「ペリーの来航を江戸幕府は知っていたから、国は閉じていない」と、細かな論陣を張り、「鎖国はなかった」という説にこじつけたがるのは、僕は違うと思います。

大黒屋光太夫《だいこくやこうだゆう》、じゃがたらお春から見る「鎖国」

あと、仮に日本が「国を閉じていなかった」のであれば、有名な大黒屋光太夫《だいこくやこうだゆう》はどうなってしまうのでしょうか。彼は、現在の三重県鈴鹿《すずか》市となる伊勢国奄芸《あんき》郡白子《しろこ》の船乗りでしたが、乗っていた船が難破し、ロシアに漂流します。道中、仲間も大勢失うなどの大変な苦労をしたものの、なんとかロシアの女帝であるエカテリーナ二世への謁見《えっけん》に成功。日本への帰国を許可されます。

帰国した後、大黒屋光太夫はどうなったのか。めでたく帰国して、「よく帰ってきた!」

と日本中から歓待されて、自由に暮らせるようになったのか……というと、まったくそんなことはありません。彼は、監禁され、幕府からの聴取を受けます。「いやいや、江戸に屋敷も持ち、妻も娶《めと》ったのだから、割と幸せな人生だったはずだ」「故郷には一度は帰れたのだから、監禁ではないはずだ」などという声もありますが、自分の意志で故郷にすら帰れないまま、江戸幕府の監視下に置かれながら、生涯を過ごすことになります。もし、日本が鎖国をしていなければ、大黒屋光太夫がこんな酷い目に遭う必要はなかったのではないでしょうか。

そのほか、鎖国によって大きな被害を受けたとして有名なのが、じゃがたらお春です。彼女は、イタリア人の父と日本人の母の間に生まれ、長崎では有名な美少女として知られていた人物です。江戸時代に外国への渡航や外国からの帰国を禁ずる法令は何度か出ているのですが、「外国人とその妻子は出ていくように」という退去命令が出されたことで、お春は母や姉と共に日本を追放され、ジャカルタへと移り住みました。

彼女を一躍有名にしたのは、ジャカルタから故郷の日本を思って送った「じゃがたら文」と呼ばれる文章です。彼女が書き綴ったとされる「あら日本恋しや、ゆかしや、見たや、見たや」という末尾の文章によって、お春は鎖国によって故郷を追われた悲劇の美少女として、一躍有名になりました。歌手の青江三奈さんらが、このじゃがたらお春をモチーフにした「長崎物語」という曲も歌っているので、曲を通じてご存じの方も多いかもしれません。

ですが、じゃがたら文についてては、あまりにもよくできた文章なので、現在では「あの文章は、じゃがたらお春が書いたのではなく、江戸時代の学者が書いたものだ」という認識が一般的です。

お春についてては、かなり研究が進んでおり、その生涯についてもだいぶわかってきました。日本を離れた後のお春は、東インド会社に勤める、オランダ人と日本人を親に持つ男性と結婚し、何人もの召使いを抱えるような、なかなか裕福な暮らしをしていたようです。七十歳を超える天寿を全うし、亡くなったとされています。想像されていたような悲劇のヒロインではなかったし、ジャカルタでの生活は幸せで日本に帰りたいとは思っていなかったかもしれませんが、しかしながら、お春が日本を追い出され、帰れなかったことは間違ありません。

こうした大黒屋光太夫やじゃがたらお春のような人々の存在を考えると、「鎖国がなかった」とは到底言えないと僕は思います。

先輩たちが言ってきたことは、そう簡単にはひっくり返すことができません。一度その説をひっくり返したとしても、後で考え直して、「成立するか、しないか」を考えることが大切です。「自分は新しい知見に達したのだ」と考えて、功名心に走ってしまうのは、学問の世界にはあってはならないことです。その一番悪い例が、「鎖国はなかった説」だと僕は思っています。

新しい説ができたとき、大切なのは、繰り返しますが、一度冷静になって立ち止まり、常識を見直すことです。「そもそもどうしてなのか」を考えないと、学者がわけもわからない穴を掘って進み続けたがゆえに、わけのわからない境地に到達してしまうことがあります。自分の穴ばかりを深く掘り過ぎて、社会がどう見ているのかということを忘れてしまう。象牙《ぞうげ》の塔という言葉がありますが、まさに、新しい発想に取り憑かれた研究者は、しばしば象牙の塔に閉じこもって世間が見えない状態に陥ってしまうのです。

本来は、そこからもう一度立ち戻り、世の中に生きている人たちの批判を仰ぐべきなのです。批判に向き合い、自説を修正していくこと。そのバランス感覚こそが研究者には非常に大切です。そう考えると、鎖国論についても、もう少しバランスを大切にし、慎重に議論が進められるべきではないでしょうか。

第13章　幕藩体制における「天皇の権威」

江戸時代の後期に高まった「天皇の権威」

江戸時代の政治体制は、「幕藩体制」と呼ばれるものです。この体制では、日本の中心には幕府が置かれ、その頂点には将軍が座しています。その将軍の下には、全国各地に「三百諸侯」と呼ばれる約三百の大名が治める藩があり、それぞれの藩が家来を持つ。完全なる武士による国家体制であり、武士によるタテ社会。それこそが幕藩体制だと、歴史学者の間では理解されています。

しかし、この幕藩体制を論じる中で、新たな問題として出てきたのが「では、天皇はどこに位置するのか」です。

幕府の頂点にいる将軍の地位を与えるのは誰か。それは、天皇です。露骨に人々の前には姿は現さないものの、天皇の権威は存在した。そのため、近年、「幕藩体制は天皇が将軍の上にいるから成立した、幕藩体制は天皇が最上部に位置することで成り立っている」という考え方が台頭しています。

江戸時代、天皇の存在感は非常に薄く、いるのかいないのかすらわからない状態でした。でも、幕末の動乱期になると、突然天皇は存在感を高め、権威であるのみならず、政治的なパワーも大いに発揮します。それを受けて、「もともと天皇は将軍の上に位置するところに席を用意されていたが、多くの人には見えていなかった。しかし、国の一大事が起こった際に天皇が活躍したことで、その姿が見えるようになったのだ。だから、あの時期に天皇が活躍するのは不思議ではない」とする考え方が近年強まっているのです。

また、江戸時代の後期には「天皇はすごい」と尊王論を主張する山県大弐《やまがただいに》、竹内式部《たけのうちしきぶ》などの学者が登場するのですが、これらの学者の存在を含め、教科書で大きく取り上げようとする動きもあり、より一層「天皇を評価しよう」とする傾向が強まっています。

「大政奉還《たいせいほうかん》」についての認識にも変化が起きています。大政奉還とは、天皇から徳川将軍に渡った「政治をする権限」を、徳川慶喜《よしのぶ》が「私にはもう持ちきれませんので、お返しします」と返上したことを意味します。お返しするからには、天皇から「お前に政治権限をゆだねる」という「大政委任」が行われているべきです。だから、将軍が天皇に任命されるとき、同時に大政も委任されているのだと考える向きがあります。

でも、こうした解釈は本当なのだろうかと僕は疑問に思います。そこで、本章では、この「幕藩体制のトップとして天皇がいた」という議論を、検証していきたいと思います。

江戸時代にいた二人の女性天皇

この説に矛盾を感じる根拠のひとつは、徳川家康が作った「禁中並公家諸法度《きんちゅうならびにくげしょはっと》」です。これを制定した際、家康は「天皇は学問をして、政治に関わらないようにしなさい」と、上から目線でその行動に制限を与えています。一方、朝廷はどう考えても将軍の行動に文句を言える立場にないため、幕府に文句をつけていません。それを考えると、ここに天皇が上で将軍が下という上下関係があるとは、僕には到底思えないのです。

余談ではありますが、徳川家康は東照大権現《とうしょうだいごんげん》という名前で神様に祀《まつ》り上げられている存在です。天下人を神格化する動きは、決して珍しいことではありません。織田信長は、盆山《ぼんさん》という石を安土《あづち》城に置き、「これを俺だと思って拝め」と周囲に命令しました。これを見たキリスト教の宣教師たちは、「信長は神になろうとしているようだ」とレポートを書いていています。豊臣秀吉も、豊国大明神《ほうこくだいみょうじん》という神様になっています。こうした事例を見ると、果たして天皇と神様とどちらが偉いのか……と、疑問を抱いてしまいます。

そのほか、江戸時代における天皇は、あまり重要な存在ではなかったのではないかという証拠は、いくつかあります。その一つが、江戸時代にいた二人の女帝の存在です。

一人は、明正《めいしょう》天皇（一六二四〜一六九六年）という女性天皇です。当時は、女性を天皇に即位させるのは非常にイレギュラーであり、本来はやってはいけないことでした。にもかかわらず、彼女の父である後水尾《ごみずのお》天皇が、幕府のやり方に憤り、自分の娘である明正天皇を即位させたのです。つまり、幕府に対する面当て以外の何物でもありません。

明正天皇の場合は幕府に対する嫌がらせでしたが、一七六二年に即位したもう一人の女帝・後桜町《ごさくらまち》天皇（一七四〇〜一八一三年）の場合は、単純にしかるべき年齢の男性がいなかったため、上級貴族が話し合った結果、即位するのに適した年齢だった後桜町天皇を即位させました。女性天皇について議論が活発化している現代に、こんなことが起こればとんでもない話になってしまいますが、当時は非常にすんなり事が運び、誰も文句を言いませんでした。逆に言えば、当時の人々は天皇が誰であってもあまり気にしていなかったという証拠でもあります。

もう一つ、どうしても引っかかるのは、江戸時代の天皇研究が、将軍研究に比べると非常に遅れているという点です。江戸時代は将軍の時代だと考えられていたため、江戸時代の天皇研究は長らく手をつけられていませんでした。始まったのはここ二十〜三十年前と、非常に歴史は浅いのです。

ですが、本書でも再三触れてきましたが、学者は常に「新しいものを見つけたい」という性《さが》を持っています。天皇を研究対象に選択する人たちほど、「実は江戸時代は将軍の時代だと思われているけれども、天皇の地位は非常に高かったのだ」と主張したがる傾向にあります。やはり自分の研究はかわいいのでしょうか。

また、江戸時代の天皇研究は、取り組みやすいという利点があります。京都の貴族たちは、たいてい日記を書いているので、天皇に関する記事は多く、史料も非常によくまとまっています。多くの史料を集めて取捨選択する作業が必要ないため、集中的に勉強したいという人にとって、江戸時代の天皇研究は格好の題材です。こうした勉強のしやすさも、新説が出やすい要因なのかもしれません。

これらの事実を見ていくと、「徳川将軍が実権を握る江戸時代にも天皇は大きな力を持っていた」とする考え方には、注意する必要があるのではないか、と僕は思います。

庶民が、天皇を発見した

一方、僕のように「天皇の地位は、江戸時代には高くなかったはずだ」と唱える研究者にとって、必ず考えなければならない課題は「江戸時代の天皇の地位が低かったのならば、なぜ幕末の天皇の存在感があんなにも大きくなったのか」という点です。

江戸時代を通じて、天皇自体はあまりパッとしない存在でした。でも、幕末には天皇の存在感が絶大だったことは間違いありません。なぜ、あの幕末の動乱の中心に、天皇がいたのでしょうか。

その答えとして、僕が考えるのは「庶民が天皇を見つけた」ということです。

江戸時代は平和な時代だったため、庶民が自分たちなりに勉強を始めた時代でもあります。勉強を始めると、どんな人でも必ず頭をよぎるのが「自分たちはどこから来て、どこへ行くのか」という根源的な疑問です。それは、読み書き・そろばんとは違ったフェーズで、人々の心を大きく揺さぶる問いかけでした。庶民が自分たちの歴史を学び、過去の自分たちを勉強しようと考えた中で生まれたのが、「国学」という学問です。

当時の知識人は歴史に精通していましたが、「歴史」といえば、中国史を指しており、中国の歴史には詳しいけれども、自分の国である日本の歴史を知らない人が圧倒的多数でした。南北朝時代に『神皇正統記《じんのうしょうとうき》』を書いた北畠親房《きたばたけちかふさ》のような人物は極めてイレギュラーで、貴族であっても日本史はほとんど知らないという状態だったのです。そこに、本居宣《もとおりのり》長《なが》たちが国学を生み出し、神話世界を復活させて、「日本にはこういう歴史があったのだ」と多くの人に伝えた。結果、江戸の後期になると、日本史が多くの人の興味の対象となったのです。

国学を学ぶにつれて、庶民たちは「将軍よりも偉い存在として、天皇というものがいるらしい」ということに気が付いたのです。まさに、庶民が天皇を発見したわけです。そして、庶民によって発見された天皇は、将軍へのアンチテーゼにもなります。ペリーが来航した際の幕府の対応を見て、「将軍ではダメだ」と世間の声が高まった際、天皇の価値が相対的に上昇していった。将軍の存在を否定するため、天皇が注目されたのだと僕は思います。

天皇の存在感をより高めた、堀田正睦《ほったまさよし》の失態

黒船の来航以降、「将軍が日本を治めているようではダメだ」との世論が盛り上がった要因のひとつには、堀田正睦《ほったまさよし》（一八一〇〜一八六四年）という老中の外交面での大失態がありました。

モンゴルが攻めてきたときに幕府がその交渉を朝廷から奪い取ったように、鎌倉時代よりこの方、外交を司るのは武家政権でした。江戸時代が始まる前、秀吉が朝鮮出兵という愚かな試みを行った結果、日本の評判は悪くなり、外交面で非常に苦労します。秀吉が亡くなった後、彼の尻拭いをし、外交を立て直して朱印船《しゅいんせん》貿易を行ったのは家康でした。家康が外交を整備し、神奈川県の浦賀を拠点に、当時世界最強国と考えられていたスペインとの交易をはじめ、ヨーロッパとの外交をスタートさせました。

第11章でご紹介した二重公儀体制論への批判とも言えますが、このとき豊臣家は何もしていません。だから、やはり天下人は豊臣ではなく、徳川家であると僕は思います。また、朝廷も何もやっていません。外交面において、朝廷や天皇はお呼びではなかったと言えるでしょう。

そんな中、強面《こわもて》で迫るアメリカに、江戸幕府は開国を要求されます。不平等条約として知られる「日米和親条約」と「日米修好通商条約」の締結をアメリカが要求してきた際に、江戸幕府は「祖法《そほう》破り」を行います。祖法とは、徳川幕府始まって以来、引き継がれてきたご先祖様のしきたりや慣例です。それを破るのが祖法破りであり、絶対にしてはいけないことでした。なかでも鎖国は、寛政《かんせい》の改革を行った松平定信《まつだいらさだのぶ》の時代あたりから、「厳守するべき大法である」と繰り返し言われるようになります。しかし、当時幕府の老中だった堀田正睦は、ペリーの強圧に耐えかね、「外国とは付き合わない」という昔からの決まり事を破らざるを得ないところまで、追い詰められます。

困った堀田正睦は、朝廷の力を利用することを思い立ち、「アメリカが迫るので、新たに条約を結びますので、よろしくお願いします。何か励ましの言葉をください」と孝明《こうめい》天皇（一八三一〜一八六七年）にお伺いを立てました。

それまでは、朝廷は幕府がやることに文句を付けることはありませんでした。力関係としても、幕府がやると言ったことに、朝廷は反対できません。だから堀田は「そうですか、頑張ってくださいね」と返答するだろうと思ったのです。天皇の賛同も多少の役には立つだろう、と。

ところが、孝明天皇は、堀田正睦の言葉に接して、「朕《ちん》は、外国人は嫌いだ。日米修好通商条約を結ぶなど、とんでもない」と言い出しました。これは間違いなく、天皇にお伺いを立てた堀田正睦が悪いのです。幕府はこれまでずっと外交を担当してきたのだから、今回も朝廷には事後報告だけすればよかったのです。

その結果、「外国人を日本に入れるなんて絶対にダメ」と主張する孝明天皇は、「外国人なんか嫌いだからやっつけろ！」と憤る反開国派からすれば、「さすが天皇さま。よくぞ言ってくれた！」と持ち上げられていき、幕府の権力失墜に大きな働きをすることになりました。

たとえば、二〇二一年は日本全体で「五輪反対」の声が高まりましたが、その中で仮に天皇陛下が「五輪はやりたくありません」と言ったなら、多くの国民が「天皇陛下のお言葉にしたがえ！」と反応していたかもしれません。もちろん陛下がそうした発言をされることはあり得ませんが、幕末ではそれが実際にあって、天皇の政治パワーが急激に上がっていったのです。

このように見ていくと、幕末期に天皇の地位が高まったのは、これまでは忘れられていた天皇を、庶民たちが見つけたからこそなのです。それ以前の江戸時代で、将軍の上に天皇が存在していた痕跡《こんせき》はまったくありません。あったとすれば「将軍を任命するのは天皇だ」という話になるのですが、その評価は第1章に記しましたね。よって、「幕藩体制の上に天皇が位置していた」という議論を、僕は否定したいと思います。

「定説」の重みを、軽んじるべからず

江戸時代、天皇の威光がそこまで強くなかったという根拠は、お伊勢参りからも垣間見られます。現代では、皇族の方御用達《ごようたし》の神社として知られる伊勢神宮ですが、江戸時代は今のように神格化された存在ではなく、ごく普通の神社のひとつだと考えられていました。江戸時代、伊勢神宮に行く「お蔭参《かげまい》り」が流行しましたが、これは伊勢神宮の外宮《げくう》と内宮《ないぐう》の間に、古市《ふるいち》という大遊郭があったのも一因と考えられています。

笑い話ではあるのですが、よく言われるのが、「当時の伊勢神宮は外宮と内宮、どちらがお金持ちだったか？」という問いかけです。内宮の神様のほうが位の高い天照大神《あまてらすおおみかみ》なので、内宮のほうが金持ちではないかと思うところですが、実は外宮のほうがお金持ちだったのです。なぜかというと、参拝客は地理的な理由から先に外宮にお参りに行き、お賽銭《さいせん》をあげた後、古市の遊郭に一泊して遊びます。そこでお金を使ってしまうので、内宮でのお賽銭が少なくなるわけです。なお、現在では伊勢神宮でお賽銭などの捧げものができるのは特別な政府関係者や皇室に限定されており、一般のお賽銭は受け付けていません。

将軍の上位に天皇がいるという考えは、「一六〇三年に徳川家康が征夷大将軍になった

ことから江戸幕府が始まった」「武士政権が成り立ったのも天皇から官職をもらっているからだ」という考えと、非常に近しい考え方です。もっと言えば、「幕藩体制の上に天皇が位置していた」という説は、京都の研究者の方々が天皇を重く評価する傾向にあるからこそ、生まれた説ではないかと邪推しています。

本当に不思議なことですが、京都大学の先生方は唯物史観を奉じている方が多い。それにもかかわらず、やはり天皇家は大好きなんですね。

本書の全体をまとめておきましょう。学者もやはり人間なので、「目立ちたい」「偉くなりたい」という強い気持ちを誰しもが持っています。これは健全な野心ですので、否定するつもりはありません。ですが、自分の野心を学問の良心で押さえつけ、バランスを取るべきなのに、なかには、「自分が目立つためには、極論も厭《いと》わない」という研究者も少なからずいるのです。それが、時として、議論をおかしな方向に向けてしまいます。

一方で、長い歴史を通じて、多くの先人たちが積み上げてきた定説というものは、それなりの重みを持ち、簡単には崩れるものではありません。

定説の重みを、軽んじるべからず。

この言葉を今一度繰り返して、本書の筆を擱《お》きたいと思います。

本郷和人（ほうごう かずと）

1960年、東京都生まれ。

東京大学史料編纂所教授。

専門は、日本中世政治史、古文書学。『大日本資料　第五編』の編纂を担当。

著書に『空白の日本史』『歴史のＩＦ（もしも）』（扶桑社新書）、『日本史のツボ』『承久の乱』（文春新書）、『軍事の日本史』（朝日新書）、『乱と変の日本史』（祥伝社新書）、『考える日本史』（河出新書）。監修に『東大教授がおしえる　やばい日本史』（ダイヤモンド社）など多数。

デザイン：小栗山雄司
写真：近藤　篤

扶桑社新書 403

日本史の論点

発行日 2021年9月1日　初版第1刷発行

著　　者………本郷 和人
発 行 者………久保田 榮一
発 行 所………株式会社 扶桑社
〒105-8070
東京都港区芝浦1-1-1 浜松町ビルディング
電話 03-6368-8870(編集)
03-6368-8891(郵便室)
www.fusosha.co.jp

DTP制作………株式会社 Office SASAI
印刷・製本………中央精版印刷 株式会社

Printed in Japan　ISBN 978-4-594-08870-5